La Niña y el Papa

Claudia Carbonell

ISBN-13: 978-1545416143

ISBN-10: 1545416141

Los Héroes Mágicos
Libro 1

La Niña y el Papa
Por Claudia Carbonell

Claudia Carbonell

La Niña y el Papá
Por Claudia Carbonell

Propiedad litcraria © 2017 por Claudia Carbonell. Todos los derechos reservados incluyendo el derecho a reproducir los materiales en su totalidad o en parte o a su difusión por cualquier medio de comunicación.

La Niña y el Papa

Claudia Carbonell

Dedicatoria

Al Papa Francisco y a la familia Harr

La Niña y el Papa

Una parte de los ingresos de la venta de este libro irá a la liberación de los niños esclavos

También visite la página:

http://www.freetheslaves.net/

El mensaje de Facebook que le envié a Viviana Harr el 11 de noviembre del 2016, cuando ella y su familia, se dirigían a la Asamblea de la Paz en el Vaticano:

Lo más probable es que mis queridos amigos, la familia Harr, estará en Roma cuando reciban este mensaje." ¡BIENVENIDOS A LA BELLA ROMA!

Sus paladares estarán por saborear pasta al dente, tomate con ajo rostizado y albahaca rociada con vinagre balsámico y aceite de oliva extra virgen.

Inno Impero Romano estará tocando. Tus ojos Viviana, y, los de tu familia, se mantendrán fijos en la Marthae Domus Sanctae brillando bajo el glorioso sol.

Tus pasos avanzaran cada vez más, excitados e impacientes.

Cambiar el mundo no puede esperar segundos.

Aquellos niños que agonizan bajo el calor abrasador, con los estómagos vacíos, levantando piedras el doble de su peso sobre sus adoloridos hombros, esperan ansiosamente por una niña para contar su historia a un hombre santo que escuchará. Y será él quien entenderá la historia de esos niños. Quien les dará un poco de consuelo, una muestra de infancia; una tan esperada esperanza.

Una niña y un hombre santo están a punto de unirse y el mundo se regocija. Los niños cantan.

Los ángeles celebran. La tierra tiembla esperando, anticipando una bienvenida semilla. Esta semilla será plantada en los terrenos más fértiles que existen: dentro de los corazones de las personas. Crecerá en Amor y eventualmente germinará en el impresionante árbol de compasivos hechos.

Claudia Carbonell

Esta novela está basada en hechos reales

La Niña y el Papa

Si la vida te da limones, ¡cambia el mundo!

Viviana Harr (12 años de edad)

$\mathcal{L}$a aldea Gahate del distrito Sindhupalchok en Nepal, se extiende hacia arriba, a manera de un pesebre rústico con casitas a medio edificar, habitadas por familias numerosas y animales que comparten las viviendas rodeadas de un vasto terreno y de fragantes píceas que otorgan un aire navideño occidental.

El camino en tierra que conduce a la aldea, araña los bordes de una montaña a la cual se le ha robado terreno para su existencia; trepa en espiral hasta llegar a un paraje desnivelado, fragante y encantador.

La Niña y el Papa

A pesar que la aldea carece de casas cómodas se compensa con el ambiente pacífico que provee.

La vista por todo el derredor son montañas cubiertas de pinos y enormes girasoles, y su gente con rostros amables cortan y cargan leña a sus casas, pican caña de azucar, apilan paja y parten piedras con gruesos martillos, recogen agua del arroyuelo que se abre paso hacia abajo, y cocinan a la intemperie en estufas de leña.

En ciertos niveles, la aldea se divide en despeñaderos donde entrépidas cascadas cristalinas se lanzan y llena los arroyuhelos que recorren los terrenos inferiores. En las mañanas el cielo abraza a Gahate con su manto de neblina y al mirar hacia abajo pareciera que se camina sobre un entapetado de nubes. En el invierno se torna blanca la aldea y el frío es intenso. Hiela los huesos. Quema la piel.

Hoy era una de esas noches de castañetear de dientes. Sobre un colchón hecho de paja, cartones y ropa, Aatish y Ballabh pegaban sus espaldas por debajo de su antigua carpa de mezclilla y abrazando sus rodillas respiraban por la boca para sacar de sus adentros algo de calor. Su mamá y abuela estaban acostadas a unos pies de ellos, debajo de otra antigua carpa que le había pertenecido al abuelo quien había muerto hacía tres años debido a la hipotermia. Habían pasado medio siglo deambulando por cada caserío de Nepal hasta hace tres años cuando la abuela decidió dejar la difícil vida de nómados y edificar una casa propia para sus nietos, y Gahate era el sitio casi ideal.

—¿Están despiertas, mamis? —, preguntó Ballabh.

No hubo respuesta. Aatish sabía que pretendían estar dormidas. Era listo. Después de todo, había cumplido los nueve años desde hacía cuatro meses y le permitía ver lo que todavía no percibía su hermano de apenas siete. La abuela sobretodo, se empecinaba a aparentar que dormía toda la noche y de ser muy fuerte, más todos sabían de su extraña enfermedad.

—La abuela se hace la dormida, —, aseguró Aatish, —ella piensa que nos puede engañar, pero la he escuchado toser. —. Cada vez que lo hacía, sangraba. Ella discretamente tapaba la boca con un antiguo pañuelo del abuelo, o se alejaba de la casa a escupir afuera.

En Gahate, la palabra *médico* u *hospital* eran mitos traídos por turistas occidentales. Ellos como los Griegos y sus mitologías no sabían más que inventar cuentos.

Al rato cuando finalmente el cansancio extremo fue más fuerte que el frío, la familia Singh se quedó dormida.

El canto de Dafir, el gallo de la familia, les despertó. Saltó al alfeizar de la ventana, y aleteó fuerte. Su harén de seis gallinas y él requerían alimento. Aatish tomó su sandalia rota y la aventó a la ventana. El vidrio quebrado estaba tapizado con un pedazo de cartón que él mismo pegó con cinta pegante.

—¡Maldito gallo, siempre me despierta! —, gritó Aatish. Era quien menos dormía de la familia pues de todos era quien sufría más de frío. *Probablemente por haber nacido prematuramente,* pensaba la abuela que también justificaba su mal humor, rebeldía y desobediencia, por la misma razón. Su preferencia de no hacer nada solo era augurio de lo importante que sería un día, por supuesto, con la debida educación.

Tosiendo y tapando la boca con el pañuelo, la abuela gateó fuera de la carpa.

—Mamá, regresa a la cama, está haciendo mucho frío, —, insistió Karishma.

—Hija, no saco nada calentando la cama, —, dijo ella, —además ustedes deben tener hambre. Iré a revisar los nidos a ver cuántos huevos tenemos y para darles de comer a las pobrecitas gallinas. Solo escucha la insistencia de Dafir para que nos ocupemos de ellas, —, dijo riéndose.

—Iré contigo, abuela, —, se ofreció Ballabh gateando de debajo de la carpa. Karishma también salía de la suya.

—Gracias hijito, —, respondió ella, —tú Aatish, quédate en cama, no tengas prisa de nada, —, insistió tomando su carpa y extendiéndola sobre él. Era uno de sus grandes deleites, quedarse en cama con cobija doble en el invierno, y en el verano, meterse en el arroyuelo con su hermano tan pronto la tela áspera del lecho empezaba a ocasionarle picazón en la piel. Entonces la abuela les llevaba caldo a la orilla del riachuelo, mientras ellos nadaban. Cuando se cansaban, corrían por la pradera y se unían con otros niños vecinos y jugaban apostando carreras o correteando las gallinas.

Cada cosa que los chicos hacían eran grandes hazañas para la abuela y la mamá quienes habían sido nómadas por toda la vida y solo conocían de trabajo, instalar sus carpas en los sitios más remotos, y caminar interminables millas.

La abuela tenía un atributo típico de nómadas, sus pies convenientemente tenían adheridas plantillas labradas por sus propios callos en las suelas, calcañales, y dedos. Le permitía andar descalza y economizar el gasto de un par de sandalias. Las grietas en la piel de los calcañales y sobre los dedos eran solo feas más no aportaban ningún inconveniente.

Ya había lavado en el arroyo los seis huevos para el desayuno y ordeñado la cabra, y ahora se disponía a llevar agua en un cantero a la estufa de leña que Karishma con la ayuda de Ballabh, le había prendido fuego.

Subiendo la sinuosa carretera y levantando tierra, se abría paso la lujosa camioneta de Devang, el elegante empresario y filántropo de Pokhara. La abuela corrió en dirección de un pino y allí tomó un puñado de agua y se lavó la cara, roció su pelo y con los dedos lo desenredó lo mejor que pudo. Regó sus pies y se los restregó entre sí para limpiarles de tierra pues debía lucir de lo mejor.

La camioneta se instaló al lado de la casa entre una nube de polvo que le entraba a todos a los ojos. La abuela tosió y escupió sangre al lado del pino.

Emocionada se apresuró hacia el gran caballero mirando abajo ya que no era apropiado mirarle a la cara.

—¡Bienvenido! El buen Dios lo ha traído a esta humilde aldea, —, afirmó jadeante. Karishma bajaba y erguía la cabeza. Ballabh le hacía venias, y Aatish salía de casa frotándose los ojos.

—¿Apenas te levantas, hijo, mientras tu familia trabaja? —, preguntó Devang saliendo del vehículo. Todo él destellaba lujo empezando por sus dientes que parecían perlas bordeados en oro y su vestimenta, incluyendo sus zapatos blancos de gruesa suela, era como los atavíos de los ángeles.

—Sí apenas me levanto, ¿a usted qué le importa? —, respondió Aatish entre dientes. La abuela fue la única que le entendió. Lo leyó en el movimiento de sus labios.

—El niño no se ha sentido bien, caballero, —, respondió la abuela manteniendo la mirada a los zapatos de él y preguntándose *¿quién pudo haber sido semejante artesano responsable de tan esmerada obra de arte?* —Ya mismo le traigo un taburete, —, dijo ella encaminándose a la casa.

—No es necesario, señora, por favor quédese que no tengo mucho tiempo, —, contestó él. —Ando de paso, y además, de prisa. —. Les clavó una larga mirada a los chicos. La abuela y la mamá solo escuchaban sus musicales palabras mientras los hermanos le miraban detenidamente. Ballabh con mucha alegría mientras Aatish con cierto desdén.

Aatish pensaba que era ridículo vestir tan extravagantemente para visitar una aldea como la de ellos. Su vestimenta contrastaba mucho con la ropa de todos, la carencia de zapatos, y los alrededores tan primitivos. Una multitud de gente rodeaba el vehículo y lo tocaban como si fuera una joya. Ballabh quería unirse a ellos más lo percibía imprudente. El caballero dirigía la palabra a todos.

Desde el invierno pasado el gran señor visitaba la aldea y otras de los alrededores y traía ropa, sandalias, cobijas, comida ya preparada metidas en latas, y una herramienta cortante para abrirlas. Por él muchos habían probado las más deliciosas sopas. Era venerado. Su bondad no conocía límites.

—He venido para traerles buenas noticias, —, anunció y volteó a mirar a toda la multitud congregada alrededor de su camioneta. —Quienes quieran montar a mi vehículo, por favor, háganlo. Mis pertenencias son suyas, amable Gahate. —. Volteó la mirada a los hermanitos Singh, —Vengo con algo mejor que regalos. Les traigo la propuesta de un futuro brillante para la siguiente generación. Qué les parece niños, ¿estudiar en los mejores colegios de Pokhara? Hacerse hombres y mujeres ilustres. Le debo mi exitosa carrera de empresario, a un hombre que me dio esta misma oportunidad. —. Observó las miradas de las madres, en especial la de la abuela. —Hoy es mi deseo de devolverle el favor a quien cambió mi vida. —.

Las manos de la abuela temblaban tanto que los huevos fueron a parar en el suelo y la cantera de agua terminó volteada sobre sus pies.

La Niña y el Papa

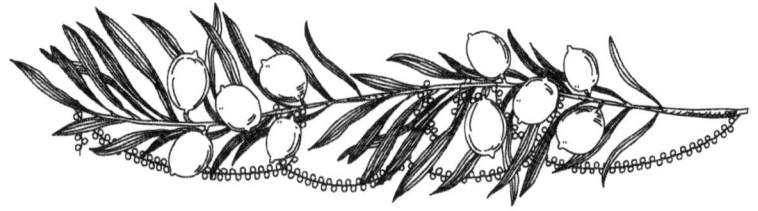

𝒜proximádamente a siete mil millas de distancia, gotas de agua caían sobre una carretera muy transitada y dos peatones apresurados. Se dirigían a un museo. Los museos eran uno de los lugares favoritos de Viviana. Tomada de la mano de Eric, su papá, procuraba mantenerse a su par. Por cada paso de él ella daba tres y un brinco, pues sus piernas no se le comparaban a las de su padre. Él medía 1.96 metros de estatura. Era todo un campeón. En su primer triatlón había ganado el sexto lugar en el mundo y después ganaría cuarenta carreras más. Era uno de los mejores deportistas de los Estados Unidos, y como si lo anterior fuera poco, era también un reconocido publicista además de un magnífico autor de libros de deportes y de negocios.

—Ya casi llegamos, princesa, —, dijo él.

—¡Ay que bueno! —, respondió ella, aunque estaría mil veces más emocionada si su hermanito les hubiera acompañado. Pero a él no le gustaban los museos. En cambio a Viviana le fascinaban. Como artista, era importante conocer el arte de otros para aprender de ellos. Había aprendido mucho de su artista favorita, Alexandra Harr, su mamá. Ella pintaba lindos paisajes en acuarela y cada una de sus obras eran inspiradas por los hermosos entornos de donde vivían, Pleasanton, California, y todas tenían historia.

Tal era el caso de la montaña Eylar que enmarcaba a Pleasanton. Se erguía a 4,089 pies de altura y estaba coronada por una torre de madera de dos pisos. Su mamá la había pintado en tonos verde, dorado y caoba. A los lados había dibujado las quebradas bañabas por los rios Colorado, Sycamore, Pino y Dry, en tonalidades de azul y en el color favorito de Viviana, turquesa.

Su mamá le había explicado que Eylar era la cuarta montaña más alta de Santa Clara, California, y que su papá solía escalarla hasta recientemente, pues resultó ser que la montaña tenía dueño y éste había prohibido la entrada a gente por motivo de no querer compartirla con nadie.

No era justo que las montañas tuvieran dueño, era egoísta además de tonto, pensaba Viviana cada vez que descansaba sus ojos en la montaña.

El museo estaba al frente de ellos. Su fachada de casita de cuentos de hadas, era tan acogedora como la arquitectura colonial de mediados de 1800s. A la entrada estaba Luma, la linda chica Hindú repartiendo los panfletos con la información de todas las exibiciones del museo.

La Niña y el Papa

—Este mes tenemos la exposición de fotografía en blanco y negro de la reconocida fotógrafa Lisa Kristine, en el segundo piso,—, informó Luma entregándoles el folleto.

—Princesa, te gustaría primero mirar la exhibición fotográfica y dejamos las pinturas para último? —, propuso Eric.

—De acuerdo, papá. Gracias Luma, —, dijo Viviana y corrió escaleras arriba.

—Cuidado, princesa, ¡no vayas tan rápido! —, advirtió Eric y saltó dos gradas para quedar al lado de ella. Su mano era suave pero firme. En caso de ella tropezar contra algún objeto, él siempre estaba listo para levantarla antes de que cayera.

Viviana había sido propensa a las caídas. Las cicatrices en sus rodillas y brazos eran testimonio de ello, como también la burla de sus compañeros de colegio a quienes les parecía muy gracioso cada vez que ella se caía. "Torpe," era la calificación más usada por ellos cada vez que Viviana perdía el balance y terminaba en el suelo.

Usualmente llegaba a casa con la barriga hecha nudos por la verguenza que sentía al ser considerada majadera. ¡No lo era! Pasaba que el piso del patio del colegio era muy desnivelado así como otros, y la hacía desplomar. Un día mientras corría a su habitación, notó que el piso se embombó y la mandó contra la pared. Su mamá quien salía de la habitación, lo presenció. De inmediato, hizo cita con el oftalmólogo y Viviana salió de la oficina con unos gruesos lentes.

Desde entonces la burla había empeorado. Su nuevo apodo era "Señorita Magú," por la caricatura del Señor Magú, un personaje que nada tenía en común con ella, sin embargo, cuando tienes ocho años y te comparan con una lombriz al mirarte al espejo no puedes evitar el notar algunos rasgos del bicho.

Ya habían llegado al segundo piso. Frente a ellos estaban las fotografias lujosamente enmarcadas.

Lástima que no sean a color, pensaba Viviana contemplando una foto del puente de San Francisco. El puente en vivo estaba pintado de rojo como el colorete labial favorito de su mamá más el de la foto se veía gris. Había también una fotografía de un hombre cuyo rostro estaba enmarañado de arrugas.

Al situarse frente al cuadro que estaba al lado del viejo, y fijar su mirada en él, sintió un nudo en la garganta y al tragar forzosamente la saliva, su corazón fue a parar al estómago. Frente a ella había una imágen imposible de concebir. Era inaudita, más que el ser ella comparada con una ridícula creación caricaturesca o con un bicho.

Esa fotografía mostraba a un par de niños cargando a sus espaldas dos macizas rocas, y debido a su descomunal peso, unos cintos amarrados a sus cabezas los ayudaban a mantener el balance. Calzaban unos enormes zapatos, propios para un hombre grande como su papá. Un mal paso, los niños caerían, y...

—¡Oh no!—, gritó ella. Eric saltó a su lado. Viviana sintió de pronto la suma total de todas las burlas que desde el primer grado había aguantado. Lo que ella llamaba *el no sentirse valorada*.

—¿Qué pasa, princesa?—, preguntó él tomándola de los hombros.

—Papá, ¡mira estos niños!—, alegó ella subiendo el volumen de la voz y encaramando sus gafas al caballete de la nariz. Debía asegurarse de lo que veía. Muchas veces sus ojos le mostraban pisos desnivelados mientras que los demás los veían perfectamente nivelados.

—¿Por qué estos niños tienen zapatos tan grandes? ¿Ves papi lo que tienen al frente?—. Los chicos estaban de pie sobre la cumbre de una montaña. Frente a ellos había un despeñadero. —Papá, si estos niños dan un mal paso, ¡caen al abismo! ¿Por qué no están en la escuela? ¿Por qué están cargando esas piedras tan pesadas? ¡Mira cómo sus hombros están caídos por el peso! —, se desgañitó y sintió una ráfaga de fuego quemando su vientre.

Sintió lo mismo la vez que fue al circo. Lamentablemente el recuerdo estaba tan fresco como si hubiera sido ayer. Tenía cuatro años cuando sus padres la llevaron a Ringling Brothers and Barnum and Bailey Circus.

Estaba feliz de ver a su mamá tan emocionada, —Será una experiencia inolvidable para Vivi, —, repetía ella. El primer acto fue todo un deleite. Una trapecista vestida con un traje de baño de luces color rosado, se lanzaba de lo más alto. Otro acróbata con una prenda hecha en el mismo brillante material, se lanzó del lado opuesto y la tomó de las manos. No obstante, el segundo acto fue desastroso. Siete elefantes salieron al escenario seguidos por su entrenador. Éste vestía de blanco y empuñaba una fusta. Les gritaba una órden y les lanzaba un latigazo.

Los elefantes se irguieron en las patas traseras, después se sentaron, se echaron, y terminaron el show marchando mientras cada uno sostenía las colas de los otros con sus trompas. Ese acto no solo era indigno para los elefantes por ser innatural para su especie, sino que era cruel. Eran esclavos. Esclavos para el placer del Hombre. En ese instante se acordó del libro que Joaquina, su niñera, le leía todos los días; *La Casa Mágica,* de Claudia... ella no recordaba su apellido. El libro trataba de animales abusados y lo que ellos sentían.

Tan perturbador como la fotografía, fue el nombre colocado al borde de la misma: *"Niños Esclavos,"* Viviana lo leyó en voz alta.

—¿Cómo que esclavos?—, ella inquirió. Sabía que existía la malaria y gente pobre, pero ¿esclavos?— ¿Luego ellos no fueron liberados por Abraham Lincoln? —. Había aprendido del presidente número dieciseis de los Estados Unidos, en el tercer grado. Él estableció la Proclamación de Emancipación para liberar los esclavos en el país y a pesar de que todos no fueron liberados, dio lugar a la enmienda trece de la Constitución y pocos años después, en Enero 31, de 1865, el Congreso por fin, la aceptó, más, no fue hasta Diciembre 6 del mismo año que por fin el Congreso formalmente la autorizó, ocho meses después de la muerte de Lincoln.

—No princesa, —, respondió su papá, —temo decirte que todavía hay muchos esclavos en el mundo. —.

—¿Que? ¿cu… cuántos hay? —. Los ojos azules de Viviana empezaron a aguarse y tomaron un tono turquesa.

Eric sacó su celular del bolsillo del pantalón y se puso a maniobrarlo. Mientras tanto, Viviana seguía en trance observando la fotografía mientras abrazaba su abdomen con ambas manos. El ardor persistía ocasionado por aquella imagen que, aunque la estaba atormentando, no podía dejar de contemplarla. Era igual a aquellos horrendos accidentes de carro que te horrorizas al presenciar, y sin embargo, no puedes quitar de ellos la mirada.

—Según Google, hay 18 millones de niños esclavos en el mundo. —.

—¿18 millones? Eso es demasiado. —. Los alrededores empezaron a girar de nuevo. El suelo se embombaba a pesar de tener las gafas bien puestas. Tomó la mano de su papá.

—Princesa, ¿estás llorando? —.

Ella no se había percatado de ello puesto que el desconcierto de esos dos niños contemplando el abismo se había clavado en su pecho. Quizás estarían percibiendo la posibilidad de saltar y terminar su triste existencia. Mientras que ella gozaba de libertad, de dos amorosos padres, de un hermano si bien a veces travieso, ella lo amaba con todas sus fuerzas. En cambio, ¿tendrían padres esos niños? ¿Tendrían amor? Definitivamente no tenían alegría, diversión, ni juguetes. Peor aún, les faltaba libertad.

—Papá, esos niños deben estar estudiando, o jugando, no cargando rocas pesadas. ¡Esas piedras por lo menos son el doble del peso de ellos! —.

—Tienes razón, princesa, esto es muy triste. —.

—Lo es, —, ella convino dirigiéndose hacia una banca ubicada al frente de la foto que en este instante le estaba dando un vuelco a su vida. Caminó despacito como si estuviera cargando aquellas rocas pesadas sobre sus hombros y el cinto atado a la cabeza la estuviera aplanando. El piso embombado y toda la sala girando no ayudaba a mantenerla balanceada. Al sentarse reconoció que su papá también había tomado asiento a su lado. Él miraba fijamente la fotografía. Ella la veía muy borrosa. Las lágrimas empañaban toda visión.

—Me parte el alma verte llorar,—, dijo él.

—No lo puedo evitar,—, reconoció ella sintiendo más agudo el nudo en la garganta. —¿Qué vamos a hacer, papá? —.

Cuando fue al circo tenía cuatro años y al ver el abuso a los elefantes, ella lloró y sus padres de inmediato la tomaron de la mano, y se fueron.

Esta vez no podía huir de la realidad de la existencia de niños esclavos, y por tanto tenía que cambiarla.

—Princesa, ¿qué podemos nosotros hacer por estos niños esclavos? —.

—¡Liberarlos, papá! ¡Los tenemos que liberar!—.

Guardaron silencio.

Una vez que la visión de Viviana se arreglara y la sala de exhibición dejara de girar y los ojos se le secaran, su mente obedeció a admitir una pregunta. Insistía en un número y éste debía ser exacto. —¿Cuánto dinero se necesita para liberar a todos los niños esclavos del mundo? —.

Eric tomó de nuevo el celular. Sabía que cada vez que Viviana hacía una pregunta, ella no descansaba hasta no tener una respuesta. De nuevo acudió a Google para obtener un resultado aproximado ya que el buscador del Internet más sofisticado del mundo no tenía respuesta.

—Se necesitan aproximádamente 150,000 dolares para liberar unos 500 esclavos. —.

El rostro de Viviana se iluminó. De un salto se puso de pie. —Muy bien, los liberaré, —, respondió ella. —. Les prometo liberarles, —, continuó acercándose a la foto. Deslizó su dedo índice sobre el grueso marco negro del cuadro. *Alguien tiene que ocuparse de ustedes,* pensó ella.

Mientras Eric manejaba de regreso a casa, le hizo a Viviana varias divertidas propuestas. Él estaba decidido a distraer a su hija pues ésta se mantenía callada y su ceño estaba fruncido con la misma intensidad de los mayores cuando están absortos en un pensamiento fijo y preocupante.

—¿Vamos a Cherry on Top, a comer un yoghurt? —, fue la primera proposición. La invitación no la inmutó en lo más mínimo. —Oh, hay una película estupenda. Se llama, "Cómo Entrenar a tu Dragón,"

¿vamos? —, preguntó y volvió a mirarla. Su ceño seguía igual de fruncido y sus ojos magnificados por los gruesos espejuelos, lucían concentrados y fijos en la montaña Eylar.

Está cansada, pensó su papá. *Tan pronto llegue a casa, se pondrá a jugar con Turner, y se olvidará del museo.* Turner, su hermano, ahora tenía cinco años. Cuando ella estaba por cumplir los cuatro años, le preguntaron qué quería para su cumpleaños, ella respondió, —Una hermana. —.

Al año siguiente nació Turner, y era lo mejor que le pudo haber pasado a Viviana. Su hermano estaba a la par de la Santa Teresa de Calcuta y del Papa Francisco. Además, él era brillante, juguetón, divertido, y su mejor amigo. Se enojaba al escuchar que los niños se burlaban de Viviana, y deseaba crecer rápido para ir a la escuela con ella y ponerlos a todos en su lugar. Lo haría a puño limpio aunque sus padres no aprobaban la violencia.

—Nadie se mete con mi hermana, —, Turner insistía con voz amenazante. Este año habían empezado a ir juntos al colegio, y todo era mejor. Bueno, casi. Los acosadores no les importaba la presencia de Turner y continuaban con la burla hacia Viviana. Sus dotes artísticas le ayudaban a fingir calma aunque estaba bajo mucha presión, más ahora al descubrir la existencia de niños esclavos.

Eric dobló en la calle que llevaba a su casa: Armonía. Mientras pasaban sobre el pequeño y angosto puente de madera, Viviana bajó la mirada a la quebrada debajo de ellos.

Esta corría tan de prisa como sus pensamientos. Al levantar el rostro, estaba frente de la verja de su casa. La vivienda no se veía desde afuera pues estaba escondida de los mirones, entre los gruesos ramajes de cuatro árboles de Catalpa.

El pasto del patio delantero parecía estar cubierto de nieve. Eran las flores blancas de los Catalpa que semejaban orquídeas y cuyo dulce aroma era compatible con su belleza. En el fondo, a cada lado de la entrada al mirador, una glorieta rodeada de rosas rojas trepadoras, contrastaba con la blancura del suelo aportando un toque navideño. Gracioso, porque apenas había comenzado el mes de Mayo. Tan pronto entraron al garage, y antes de que su papá frenara el coche, Viviana abrió la puerta y brincó afuera. Como un bólido se lanzó a la puerta de la casa, gritando, —¡Mami!, ¡mami! —.

Uuf, uff, uff, Buddy, su labradoodle de 21 kilos de peso, se abalanzó sobre ella, y al poner las patas sobre su pecho, se irguió a su máxima altura de 51 centímetros y se dispuso a lamerle la cara pero esta vez ella lo apartó.

—Hija,—, saltó Alexandra de detrás de la nevera. Había un fuerte olor a corto circuito. Viviana sabía que posiblemente había quemado la nevera, o la estufa, o por suerte, solo la plancha. —Dios mío, ¿qué le ha pasado a tu papá? —, preguntó ella y se apresuró a la puerta del garage.

—Papá está bien, mami, lo que no lo está es…,—, en ese instante Eric abrió la puerta de golpe y entró viendose como si un balde de harina le hubiera caído sobre el rostro.

Buddy se volvió balístico de la emoción al ver a su amo, más al estirar su hocico hacia a arriba y olfatear la atmósfera tensa, se dio a la tarea de correr de la puerta a la cocina y de regreso a la puerta, para atenuar la tensión.

—Señorita, saliste del carro mientras todavía estaba en movimiento. Eso es muy peligroso. Nunca lo vuelvas a hacer, ¿de acuerdo? —. Olió el aire de la casa y prefirió no enterarse de qué se trataba.

—¿Turner está bien? —, preguntó elevando el volumen de su voz.

—Él está feliz. Hoy me ganó jugando a la estrella china, —, contestó Alexandra.

—Lo siento, papi por haber saltado del carro, —dijo Viviana, —pero es que no hay tiempo para perder, —, continúo ella corriendo a la cocina. El haber saltado del coche era extraño ya que ella nunca tomaba riesgos. La primera vez que montara en la montaña rusa de Knotts Berry Farm, había sido hacía cuatro meses, al cumplir los ocho años y solo porque Turner le insistió que lo hicieran. Ella había accedido solo para complacerlo.

—Papi, mientras manejabas, se me ocurrió una idea,—, dijo mientras se empinaba a la barra de la cocina y tomaba de la canasta de frutas, una bolsa con limones. —Haré limonada para vender y liberar a los niños esclavos.—.

Sus padres se miraron y las quijadas de ambos parecían como si hubieran perdido toda firmeza. Con bocas abiertas de par en par, dijeron, —¿Qué? —

—Mami,—, continuó Viviana mientras desamarraba el nudo de la bolsa de malla que envolvía la docena de limones, y los echara en el fregadero, —¿Sabías que hay niños esclavos en el mundo?—.

—Por supuesto, chiquita,—, es algo muy triste.

—Ajá, lo mismo dijo papá, y sin embargo, ustedes no han hecho nada al respecto. —.

Tomó un limpión del cajón donde Alexandra mantenía la más variada colección de telas para la cocina las cuales en sus mejores tiempos habían sido la ropa de la familia. Con un pedazo de una falda de lana de Alexandra, secó los limones y tomó un cuchillo del cajón donde su mamá había terminantemente prohibido a sus hijos que abrieran. Solo ella y Eric tenían autorización de hacerlo.

—¿Que quieres hacer con ese cuchillo, señorita? —, la voz de Eric se escuchó grave. Al instante, saltó a su lado antes de que se cortara.

—¡Uuf, uff!—, Buddy quería imponer órden y se situó en la mitad de Eric y Viviana. Su abundante pelo color chocolate espeso parecía lana de oveja y requería de ser podado cada mes, pues crecía mucho y le hacía ver como una enorme bola peluda. Tal era su apariencia actual.

La Niña y el Papa

—Quiero practicar varias preparaciones de limonada ya que necesito recopilar 150 mil dólares para liberar a los niños esclavos del mundo. —.

Eric y Alexandra contemplaron el rostro de su hija. En sus ojos había tanta esperanza. Tenía el brillo de fe inquebrantable.

¿Qué derecho tengo yo para arrebatarle tan lindo ideal? pensaba Eric, considerando la posibilidad de llevar a su hija a un otorrino pues además de sufrir de una miopía aguda, le estaban fallando los oídos ya que ella le había escuchado que con 150,000 dólares se liberarían a los dieciocho millones de niños esclavos siendo que él le había dicho que esta suma libertaría a 500.

Tan extraña mi pequeña, en ella hay tanta empatía, pensaba Alexandra, considerando llevarla a una evaluación con un psicólogo.

—Papi, recuerdas el libro que me compraste en Barnes y Noble, escrito por el Papa Francisco titulado, "¿El Nombre de Dios es Misericordia?"—. Efectivamente, Eric lo recordaba. Fue un domingo, después de salir de la iglesia, cuando visitaron la biblioteca y Eric les dijo a los chicos que cada uno tomara un libro. Eric se extrañó de la elección de Viviana.

—Pues él dice,—, continuó ella, —que la misericordia no es misericordia si no hay acción, y yo quiero hacer lo que el Papa nos pide, a tener misericordia por los demás.—.

Durante gran parte de la noche, Viviana y Alexandra, exprimieron limones hasta que las muñecas y las palmas de las manos estaban a punto de perforarse por la presión hecha a los limones contra la máquina exprimidora.

En dos ocasiones, Turner acompañó a su papá a traer del supermercado dos docenas más de limones y dos ingredientes que no tenían en casa: néctar de agave y pimienta roja. Viviana insistía en agotar todo tipo de sabores para su limonada así fueran extraños como el picante.

Al cabo de varios ensayos y después de ingerir un montón de limonada al punto de que su paladar y lengua estaba rasposa de tanto cítrico, Viviana decidió en la receta ganadora: limones, agua, poco hielo y para endulzar, nectar de agave. Era el brebaje perfecto para atraer a un montón de compradores en busca de una bebida deliciosa, nutritiva y que promovía la causa más noble de todas.

—Ahora voy a necesitar un puesto para la limonada. Papi, tú me la construirás, ¡sí! —. Esto no era una petición sino una órden entusiasta. Orden que Eric obedecería porque era para la noble idea de su hija. Además, *¿Quién podría decirle no a Viviana? Asimismo, sería un pasatiempo divertido para ella.* Pensaba él.

A la madrugada, cuando todos se fueron a dormir, que por fortuna era viernes, Eric prendió la computadora para buscar puestos para limonada. Las opciones eran demasiado costosas. Ellos no tenían el presupuesto para un gasto tan excesivo.

La Niña y el Papa

Además, aseguraba Alexandra, —Viviana pronto dejará la idea de liberar a los niños esclavos. Después de todo, es solo una niña. —.

Al día siguiente, el cielo cobijó con un manto de neblina, la casa de árbol de los chicos. El día estaba perfecto para pasarlo completo allí metidos. Sobre dos robustos árboles de manzanas, Viviana y Turner habían construído su casa de juegos. El papá sólo añadió una tonelada de clavos y puntillas para las paredes, el piso, y para asegurarla encima de los árboles. Los chicos habían hecho el trabajo más importante: tender sus bolsas de dormir e instalado sobre ellas dos cabeceras de cama para que parecieran verdaderos lechos. Habían decorado con una lámpara antigua de su mamá y varios cuadros pintados por ella y por Viviana. La casa se sentía como un gigantesco y cómodo nido rodeado de ventanas por donde sacaban las manos para tomar manzanas, y si se les antojaba algo diferente para comer, Alexandra les pedía que arrojaran "el ascensor," el cual era una canasta donde ella se las llenaba de comida.

—¡Chao, chicos,—, voceó su papá, —voy al almacén de madera, ¿me quieren acompañar?—. A Turner le hubiera encantado ir más prefirió quedarse porque sabía que a Viviana no le gustaba dicho almacén.

—No papá, yo me quedo,—, contestó Turner. Por horas planearon y jugaron a vender limonada y a liberar a los esclavos. Buddy asentía batiendo la cola a la idea.

Cuando ya empezaban a sentir hambre, su mamá llamó, —Niños, arrojen el ascensor, —, Turner tomó el canasto de mimbre y lo lanzó por la ventana. Viviana asomó el rostro esperanzada de encontrar adentro del canasto una caja con pizza. En cambio era un plato cubierto con la usual tapa de aluminio. Alexandra servía lujosamente aunque los platillos cocinados por ella no lo ameritaban.

—Chicos, coman por los laditos, es el centro el que está quemado.—.

—Ay, no, ¡ella cocinó!—, se quejó Turner.

—¿Preguntaban algo, mis bebes?—.

—No mami, gracias,—, contestó Viviana.

Eran panqueques chamuscados y sin miel.

—¿De veras?—, Turner gruñó.

—La convenceré a que ordene pizza.—.

Bajaron de la casa de árbol por el resbaladero colocando a Buddy sentado de cola, empiñado entre ellos quien no cesó de patalear al aire hasta que sus patas tocaron el suelo. Corrieron al interminable terreno detrás de su propiedad. Era un bosque, el lugar perfecto para desechar todo alimento cocinado por la mamá.

Miraron por todo el derredor en busca de algún animal interesado en panqueques quemados. No estaba Miranda, la venada que de vez en cuando se acercaba a la propiedad de ellos.

Descartaron el desayuno detrás de la verja y Viviana se alegró de ver a tres charas, dos falaropos de pico largo y un canario listos para averiguar qué tan apetitoso podría ser dos plastas negras. Buddy olfateó el rescoldo de desayuno y retrocedió con la cola agachada. Se apresuraron de regreso a casa. Por fortuna, el papá pronto regresó con comida China para todos. Al siguiente día, después de la iglesia, almorzaron en el fino restaurante persa Caspian, y para la cena tuvieron comida Griega.

Claudia Carbonell

𝐸l mejor regalo para los aldeanos de Gahate había sido la visita de Devang, el gran señor quien prometió un futuro mejor para los niños de la aldea. Los llevaría a Pokhara, la ciudad más educada de Nepal, donde irían a la escuela. Los padres estaban exaltados. Sin embargo, la mayoría de los chicos sólo querían el paseo por dicha ciudad y retornar a su pueblo con su familia.

—Debemos sacrificarnos por el bien de nuestros hijos,—, insistía la abuela de Aatish y Ballabh quien hablaba más rápido e interrumpía con más frecuencia al resto de los aldeanos. De tal manera persuadió a su esposo a dejar la vida de nómada y se establecieran en la aldea permanentemente.

—Pero abuela, Ballabh y yo no queremos irnos, —, insistió Aatish, —no podemos dejar la aldea ¡ni estar lejos de ustedes!—.

Karishma estudió el rostro de sus hijos. En ellos había tanta alegría. La abuela veía el potencial de un futuro brillante para ellos a través de una educación esmerada.

—Hijitos, imagínense la manera en que sus vidas mejoraría si aprendieran a leer y a escribir. ¡Cuánto conocimiento podrían adquirir leyendo las obras de personas ilustres!—.

La gente se preguntaba de dónde la abuela sacaba tanta sabiduría. Hablaba con elocuencia y convencimiento. Pareciera que hubiera estudiado aunque nunca lo había hecho. Cada vez que llegaba a la aldea un libro donado o periódicos viejos, ella los rescataba. Los ponía en el suelo, cerraba los ojos y pasaba los dedos por encima de las letras como si estuviera absorbiendo la información. Una vez se convencía de haber destilado la sabiduría contenida en los papeles escritos, los metía debajo de las carpas sobre la paja, cartones, y demás materiales escritos, para mejor acolchar los lechos de la familia.

—Si me hubiera instruído, hubiese sido maestra, —, aseveraba, —y le hubiera enseñado a todos ustedes.—. Miró a sus nietos. Contubo la tos aclarando la garganta. En este momento no podía alejarse a escupir porque su mensaje motivador era más urgente. —El señor Devang prometió regresarlos cada mes. De esta aldea no nos vamos. Aquí estaremos esperándoles,—, aseguró ella.

La abuela tosió toda la noche. Lo hacía discretamente encima de su pañuelo. A la mañana siguiente, Dafir, el gallo como de costumbre, voló al alféizar de la ventana y cantó.

Esta vez Aatish no protestó. No había cerrado los ojos en toda la noche y no tenía sueño. La abuela por fín dejó de toser.

Karishma salió de debajo de la carpa y susurró, —Hagamos silencio. La abuela hasta ahora se quedó dormida. Voy al nido a recoger huevos.—.

Ballabh gateó de debajo de su carpa y Aatish mantuvo su mirada fija en el cieloraso del fondo de la casa. Estaba roto y las tejas del techo se alcanzaban a ver. La lluvia y el viento se habían encargado de tumbar parte del techado. Aquella parte de la casa le producía escalofrío. Aunque una pared dividía ambas partes de la vivienda, la del fondo de donde ellos dormían estaba destinada para la cabra y la vaca que recientemente había muerto de vieja.

—Mami,—, susurró Ballabh, —voy a ordeñar la cabra. —.

—Voy contigo,—, propuso Aatish saliendo de la carpa. Aquel cielorraso del fondo de la casa atraía su mirada como magneto. Pero se negaba a sentar mirada en ella para evitar darle lugar a los terribles recuerdos a que asomara su espantosa cara. Era la primera vez en sus diez años que se ofrecía para hacer un quehacer. De haber estado despierta, la abuela le habría insistido que se quedara en cama, pues él por haber nacido de casi siete meses, no era tan fuerte como su hermano menor.

Salieron y mientras daban la vuelta a la segunda puerta de la casa donde estaba el establo, vieron las luces de la camioneta de Devang, ondeando la montaña a dirección de ellos.

La Niña y el Papa

—¡Es el caballero rico!—, voceó Ballabh emocionado pensando en los posibles regalos que traería a la aldea. —Voy a despertar a la abuela,—, y corrió a la puerta principal. Aatish se quedó petrificado mirando aquellas luces altas del carro y el polvo levantándose del camino. La neblina borraba el arroyo donde su mamá probablemente estaría recogiendo agua.

El firmamento se pintaba de rosado con franjas lilas. La paz mecía la aldea. Aparte de las luces de la camioneta, Aatish no podía ver más que los alrededores próximos a su casa. Se apresuró a la puerta principal con el empeño de hablar con la abuela. Era urgente, muy urgente que comprendiera que no era su deseo de irse de la aldea con un desconocido.

Entró. Su mamá miraba por la ventana abrazada a Ballabh. Lloraba.

—Mami, ¿por qué lloras?—, preguntó Aatish.

—Los voy a extrañar mucho, hijitos.—.

—No mami, a eso vine, para decirle a la abuela y a ti ¡que no me quiero ir con ese tipo!—.

—Ya lo se, y yo quisiera estar con ustedes para toda la vida. —. Alzó a Ballabh con un brazo y tomó de la mano a Aatish y suavemente le haló hacia ella hasta salir de la casa. —Pero antes que mi felicidad está el futuro de ustedes. —.

Ya la camioneta se ubicaba al frente de ellos. Cerraron los ojos. Las luces brillantes los encandilaban y hacía brotar más las lágrimas de la mamá.

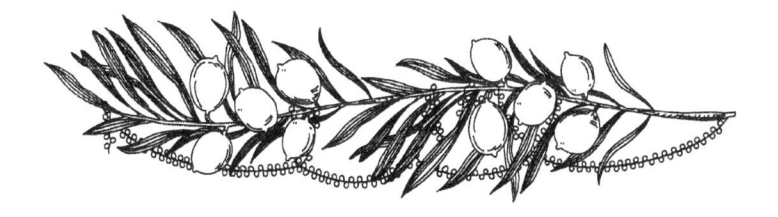

*U*na semana nunca le había parecido a Viviana más larga. *Solo consta de siete días,* ella razonaba. Había hecho la cuenta de cuantos minutos habían en ella: 10,080. Durante esos siete días, su papá había visto varios videos en YouTube de personas fabricando puestos de comida y bebidas. Hizo pausa en sus filmaciones favoritas después de cada frase para anotar todo detalle. Lo imprimió y se dedicó a leer y a releer todas las instrucciones.

Finalmente al noveno día, y con la ayuda de Turner, el puesto de limonada estaba terminado. Ninguna muñeca ni su más fino vestido, había lucido más primoroso que su puesto.

¡No había tiempo qué perder! A las 5:48 de la mañana del día lunes, con Buddy a su lado, ella ya había exprimido los limones, agregado el agua y el nectar de agave con un poco de hielo en la gran jarra de cristal, y dentro del frutero de la cocina, había colocado los vasos desechables, un paquete de servilletas, y limones extra para aquellos que quisieran la limonada más ácida.

    Alexandra se apresuró a la cocina envolviéndose en su levantadora de tono lavanda. —¿Qué estás haciendo, nena? —, preguntó y observó los alrededores para ver si había algo fuera de orden. Encontró varias cosas en terrible desorden: el cajón de los cuchillos abierto y (como si fuera poco,) uno dentro en el fregadero, la limonada hecha, el montón de frutas fuera de su puesto, sobre la barra de la cocina, y el frutero con vasitos, servilletas y limones. Alexandra frunció el ceño.

    La casa debía permanecer inmaculada. —Era sagrada,—, lo repetía muchas veces, pues la compraron cuando Viviana apenas tenía seis meses de nacida y Turner había nacido en la habitación de ellos. Además era la casita más mágica de todo el vecindario. Era el resultado del esfuerzo empresarial y atlético de Eric; sus interminables horas de práctica, sudor, y constancia. Para Alexandra representaba los recuerdos de su familia y su trabajo diario como artista.

    —Cortaste los limones,—, dijo ella visiblemente molesta. Era raro cuando se irritaba. —Ese es mi oficio, —, concluyó. Buddy se dispuso a lamerle los pies para atenuar su indisposición.

    Otra mamá se hubiera quejado por el desorden, pensaba Viviana, *la mía solo está preocupada por mi seguridad.* Este reconocimiento nunca lo habría tenido de no haber sido por la fotografía de aquellos dos niños esclavos.

—Lo siento, mami,—, dijo. *Quienes se preocuparían por los niños esclavos? De seguro no serán sus dueños, porque de ser así fueran libres.* Ella razonaba.

Viviana se dió cuenta que su mamá le hablaba, más ella no le estaba escuchando. Estaba absorta en sus pensamientos.

—Espérame unos segundos. Voy a ponerme algo apropiado para sacar el puesto y ayudarte a vender, —, susurró Alexandra y en puntillas se retiró. A Viviana le parecía su mamá un hada. Muchas veces Viviana tenía que ajustarse bien las gafas mientras observaba a su madre ya que ella parecía flotar sobre el piso. Era tan bella, y graciosa. Además de brillante. Si bien fallaba lavando, planchando ropa y cocinando, se sobraba en todo lo demás. Era casi, casi perfecta.

Estaba empujando el estante a dirección de la puerta principal cuando escuchó la voz de su mamá:

—Espera, bebe, deja te ayudo. —. Tenía puesto un vestido verde con estampado de limones que parecían saltar de la tela por verse tan reales. Calzaba sandalias amarillas con un ramillete de pedrería encima de los dedos. Sólo su mamá podría lucir tan perfecta en la mañana. Era la envidia de las señoras del vecindario quienes requerían de horas de acicalamiento para lucir como la sombra de Alexandra en su peor día.

—Mami, ¡te ves divina!—, exclamó ella levantando un extremo del armatroste de madera. Alexandra tomó el lado opuesto y aligeró el paso hacia la puerta principal. Viviana feliz la seguía.

La Niña y el Papa

Estaba preparada para ese día tan especial. Su maletín y sueter estaban listos sobre la banca del lado de la puerta. Llevaba puestos sus pantalones de mezclilla favoritos y la blusa con el estampado de Snoopy que su papá le había comprado en Knotts Berry Farm, el año pasado.

Buddy agarró entre los dientes su correa y se la entregó a Viviana. Una vez se la ajustó alrededor del cuello, Alexandra abrió la puerta.

Afuera un manto de neblina cobijaba el jardín. Cientos de pájaros volaban de árbol a árbol y sostenían una animada conversación. La alfombra blanca de flores de los árboles de Catalpa bañadas en rocío cubría el césped y el angosto y empedrado camino de la puerta a la verja.

—Desliza los pies, para que no te resbales,—, aconsejó Alexandra. Arrastrando los pies, y levantando un montón de flores blancas, llegaron a la verja del jardín. Buddy se deslizó a cada paso que dio. Frente a la casa instalaron el puesto. Las dos se miraron y soltaron unas risitas de niñas chiquitas. La emoción les hacía cosquillas en el vientre.

Su mamá le había contado que cuando estaba embarazada de ella, leía todas las noches los comiquísimos libros del Doctor Seus. Lo hacía de noche porque sabía que su bebé tendría una gran sonrisa durante las horas de sueño cuando Alexandra le dejaba de hablar. Desde entonces compartían esa connección tan especial de sentir las emociones alegres al unísono.

Regresaron a casa para recoger el producto: la magnífica jarra con el elíxir libertador y la canasta con limones. Alexandra insistió en llevar la limonada porque era pesada y la puso en la mitad del estante; le clavó su mirada de artista y resolvió moverla a un extremo y la canasta la puso en el otro. —Ya regreso, —, dijo, y volvió a entrar a la casa. Retornó con su joyero: un finísimo estuche forrado en gamuza negra, y lo situó sobre una repisa debajo del estante.

—Aquí pondremos el dinero, hijita,—, propuso Alexandra abriendo el estuche.

—¿Qué hiciste con tus joyas, mami?—.

—Por el momento están sobre mi peinador,—, respondió retirándole las gafas a Viviana. De repente todo quedó nublado. Alexandra empañó los lentes con su aliento, y los limpió con el ruedo de su vestido. —Venderemos toda la limonada, ya lo verás,—, aseguró colocándole las gafas, más Viviana hubiera preferido haber seguido con la vista borrosa, pues el bus del colegio se acercaba y su barriga se hizo nudos.

—¿Tan temprano viene el bus?—, preguntó ella. Alexandra sacó su celular del bolsillo del vestido.

—Vivi, ¡faltan quince para las ocho! ¿Cómo voló el tiemp...? ¡Ay no! Turner; ¡debo alistarlo!—, gritó Alexandra patinando a toda prisa a casa.

Buddy se enloqueció ladrando por no saber si correr detrás de Alexandra o quedarse con Viviana.

La Niña y el Papa

Mientras tanto ella se quedó pasmada. ¿Cómo reaccionarían los niños de su escuela al verla con un puesto de limonada afuera de su casa? Este y muchos otros pensamientos se le cruzaban por la cabeza y los más terribles eran de si sobreviviría. *¡De seguro me van a matar!* pensaba. Lo raro es que hasta ahora caía en la cuenta de ello. *¿Cómo es que antes no había pensado en las consecuencias de tener mi puesto a la vista de todos?*

Ya empezaba el piso a embombarse y el bus escolar daba la vuelta al final de la calle y cambiaba la forma de su trompa cuadrada por la cabeza de un dragón. Con todas sus fuerzas deseaba que se varara antes de llegar frente a ella para permitirle entrar el puesto de regreso a casa. En cambio como si se tratara de una bala, se abría paso a dirección de ella, rasgando la neblina. Escuchaba a Buddy al lado de ella, ladrando tratando de llamarle la atención.

Volvió su borracha cabeza a la puerta de su casa. Estaba cerrada con su mamá adentro. Turner tampoco se hallaba. Quizá estaría dormido y no iría a la escuela. Estaba sola. Volteó la cabeza. Las gafas le pesaban. Levantar la mirada al bus tomó un tiempo ridículo. Cuando finalmente lo hizo fue peor. Todos los chicos estaban apiñados a las ventanas que daban con ella. La boca pareció que quiso tragarla completa al abrirse a su máxima capacidad. Sus ojos igualmente lo hicieron, las gafas se deslizaron a la punta de la nariz, y los chicos estallaron a risotadas. Se aferró fuerte a la correa de Buddy. El perro respondió a su preocupación, chillando.

Alexandra tardó toda una eternidad. Regresó con Turner. Él llevaba puestos unos primorosos shorts azul marino con una camisa blanca de marca Polo. Sus adorables rodillas sobresalían de las medias blancas con franjas azules. El terror de Viviana bajó dos grados al verles.

—Niños, tenemos limonada para la venta,—, voceó Alexandra sonriente. Viviana deseó con todas sus fuerzas que la tierra se abriera en ese instante y se la tragara.

—¡Jajajajaja!—, los niños volvieron a reirse. Alexandra volteó a mirar a Viviana. Estaba sorprendida del comportamiento de los chicos. *¿Cuál es la gracia?* se preguntaba a sí misma.

Mientras la puerta del bus se abría, Viviana tomó unos segundos para compararse con su mamá en el reflejo del vidrio de la puerta del bus. Las dos eran tan diferentes. El cabello de Alexandra era dorado y caía en cascadas al estilizado cuello. El de ella parecía las espigas del diente de león; demasiado sedoso y con la más leve brisa, se despeinaba. Los ojos de su madre eran oscuros, misteriosos e intensos, como podrían ser los de las diosas griegas. Los suyos eran claros y predecibles.

¡Cuánto Viviana anhelaba ser como ella! Su madre era una obra de arte pulida por el más diestro artesano como ella misma mientras que Viviana era el bosquejo de un artista principiante como sus tontos dibujos.

—Que tengan un lindo día, los amo, —, dijo Alexandra y les mandó un beso al aire. No los había bañado en besos porque violaría una norma importante para Viviana. Esta se formó cuando ella cumplió los cinco años y cursaba el Kinder. A mediados del año notó que los niños empezaron a reirse por la desenfrenada demostración de afecto de su mamá y entonces Viviana se lo prohibió y ella lo dejó de hacer.

Tomó de la mano a Turner y subió al bus. Sus piernas le pesaban. Más fácil había sido escalar la montaña Eylar que esos tres escalones. *¡Ay, lo que me espera!* Pensaba.

Turner lucía malhumorado. Ella sabía que la mamá le había despertado repentinamente a cambio de cantarle una canción con la guitarra. Tal era la manera en que ellos se despertaban cada mañana. Mientras se vestían y cepillaban los dientes, Eric les leía un trozo de una biografía de un líder importante. Las favoritas de Viviana eran las de la Madre Teresa de Calcuta y las del Papa Francisco.

Sus ojos por poco chocan contra los espejuelos inspeccionando por todas las sillas por Savanah, una de sus tres únicas amigas. Ella pondría órden en cuestión de segundos. Los chicos seguían riéndose y algunos procuraban disimularlo tapándose las bocas. *En dos paradas más entrará al bus Eva y Zenobia.* Llegó al fondo del bus, y allí sintiéndose apiñada entre varios chicos, se sentó. Turner apartó con su cadera, al chico del lado.

—¡Hey, no empuje!—, se quejó Franco, y le fulminó una mirada desquiciante a Turner.

Él colocó los dos dedos pulgares a cada lado de los témpanos y agitó los dedos y procedió mostrándole la lengua a Franco. El niño se retiró disgustado y se sentó en una silla delante de ellos. Los chicos seguían riéndose.

—Ahora Viviana es vendedora de limonada, ¡jajaja!—, bramó Rebeca, la hermana de Franco, y una de las peores acosadoras del colegio. A Viviana ya le había amenazado con romperle las gafas ¡en la cara! No lo haría porque sus padres fueran celebridades, aseguraba ella, más sí a sazón de ella tener cuatro ojos.

—Sírvame un vaso de limonada, limonadera, ¿o se dice limosnera? ¡jajaja!—, tronó la voz de Lidia, otra agresora que se consideraba superior a todas por su belleza.

—Por qué vendes limonada, Viviana, ¿será que tus famosos papás se están quedando pobres? ¡jaja!—, siguió Franco. Turner empezó a levantar las piernas y a chocar los pies contra el suelo metálico. Para Viviana, las voces se escuchaban dentro de un tubo. Volteó la cabeza a él. Estaba gritando.

El chofer brúscamente frenó. Ay, Viviana fue a parar al suelo. El golpe fue duro. Durísimo. Las rodillas pudieron haberse partido. Turner ayudó a levantarla mientras las lágrimas cubrían su rostro. Entretanto, los ojos de Viviana le ardían, ella batallaba para que las lágrimas no salieran. Si llegaran a brotar, la aplastarían.

El chofer se puso de pie y se abalanzó a mitad del bus. —¡Basta ya el alboroto! Niña, ¿estás bien?—, preguntó dirigiendo su atención a ella.

—Eh, sí, —, ella mintió masajeando las rodillas.

Turner se despepitaba bramando.

—¿Por qué lloras?—, preguntó el chofer.

—Se están riendo de mi, de mi...—, Turner no pudo terminar la frase.

—No te preocupes Turner,—, insistió Viviana. —Todo va a estar bien. —.

—Él, y ella, y ella, —, se despepitó Turner, señalando a Franco, Lidia y Rebeca.

—¡Mentira! —, voceó Franco con boca exageradamente abierta.

—Yo no he hecho nada, me he mantenido sentada y callada todo el tiempo, —, aseguro Lidia columpiando a los lados su hermosa cabellera rubia.

—Los únicos alborotados son los hermanitos Harr, —, continuó Rebeca mostrándole la palma de la mano derecha a Viviana en son de amenaza.

—Si vuelve a haber algún relincho, los acusaré ante el director, ¿entendido? —, advirtió el chofer.

—Entendido, señor Chodorow, —, respondieron los chicos al unísono. Turner se cubrió los oidos. Le molestaba la hipocresía de todos.

Él no dejaba de llorar. Viviana tomó su cabeza, la atrajo a su pecho y le susurró al oído: —Franco y Rebeca están pasando por un mal tiempo y buscan desahogarse. Zenobia sabe toda la historia de sus padres. El papá después de trabajar toda su vida en Mexico, ahorró mucho dinero y vino a este país para abrir un negocio y para darles una mejor educación a sus hijos. Le dieron una visa de negociante temporal la cual se haría permanente si su negocio progresaba. En cambio, su negocio fracasó y entonces quedó sin dinero y sin visa. Por eso le pidió a la mamá de Zenobia que lo patrocinara para legalizarse en este país. Esto explica el comportamiento de los chicos.—.

Turner quedó con la boca abierta, pues con tantas palabras acribilladas por Viviana, lo único que entendió fue: *Los padres de los peores acosadores del colegio merecen pasar por un mal tiempo.*

Los niños bajaron un grado el volumen de sus risotadas y en un pare después, subieron Zenobia y Eva. Ambas estaban vestidas con faldas de mezclilla casi idénticas y blusas moradas con estampado de estrellas. Ellas siempre se ponían de acuerdo en cómo vestirse para ir al colegio y les gustaba verse como gemelas.

Si solo Viviana viviera más cerca de ellas, ¡la pasaría tan bien! Las otras niñas, observaron a las dos amigas de pies a cabeza. Por lo visto, aprobaron su vestimenta y se secretearon las opiniones. Los niños las ignoraron. Cúanto quería Viviana ser ignorada por todos. Si hubiera tenido el don de ser invisible, sería grato ir a la escuela.

—¿Dónde está Savanah?—, preguntó Eva apresurándose a un asiento vacío al lado de Bao, un niño nuevo que hacía poco había emigrado de Vietnam. De él no se sabía mucho pues no hablaba Inglés.

La Niña y el Papa

Zenobia se sentó al lado opuesto de donde estaba Viviana.

—Hola Viviana,—, saludó Zenobia, —¿te golpeaste las rodillas? —.

—Oh, no, ¿te volviste a caer?—, preguntó Eva alarmada.

—No fue nada,—, aseguró Viviana.

—Ella solo se hincó para besar el suelo, jeje, —, bramó Franco.

Turner de un salto quedó de pie y se lanzó hacia Franco. —¡Cállese! —, le gritó empuñando su mano derecha. Viviana brincó a él y lo regresó a la silla. Los chicos se echaron a reir. Esta vez, el conductor lanzó una mirada a través del espejo retrovisor. El colegio estaba alrededor de la esquina y tendría descanso de los niños por ocho horas.

—¿Qué le sucede a Turner?—, preguntó Eva.

—Está cansado,—, contestó Viviana.

—Entonces, no lo molesten,—, dijo Zenobia fijando su mirada penetrante a Franco.

Ya daban la vuelta a la circular entrada del colegio. La primera clase para Viviana era matemática, su peor materia, y lo más angustioso de todo era que habría examen acerca del intercambio de dinero. Se trataría de muchas sumas y restas. Ella sabía sumar y algo de multiplicación, pero restar le costaba trabajo.

Más era de vida o muerte pasar el exámen por lo menos con un 9, sino, se arriesgaba a que la bajaran al tercer grado de matemáticas. No podría pasarle semejante tragedia. Sus padres se desilusionarían mucho de ella, le daría el peor ejemplo a Turner, quien para ser aceptado al Kinder con solo cuatro años, le tocó memorizar el abecedario, aprender a amarrarse los zapatos, escribir su nombre y apellido, contar hasta treinta, e identificar los colores y las formas. Hizo todo este esfuerzo para poder ir al colegio con Viviana. Además si la regresaran a tercer grado de matemática, ella aumentaría la preocupación a sus amigas, y los demás veintidos chicos, bueno, la aplastarían.

Como siempre, el señor Chodorow les pidió a los niños hacer fila por orden de estatura, antes de salir del bus. Turner encabezaba la fila, seguido por Zenobia y Eva. Savanah por ser la más alta, era la última en salir y vigilaba a los cretinos de enfrente para que no fastidiaran a Viviana. Savanah inspiraba mucho respeto. Era una niña grande dotada de manos firmes y ya varios acosadores habían probado su fuerza. Más, por desventura, hoy no estaba.

Viviana quedó apiñada entre los acosadores y aguantó varios pellizcos en la espalda, palmadas en la cabeza y un brutal halón de pelo. Un corrientazo le subió a la corona de la cabeza. Juzgando por las risillas, sabía que el halón había sido propinado por Rebeca.

Turner y sus dos amigas esperaban a Viviana en el primer escalón de la entrada al colegio. Los tres se mostraban ansiosos.

La Niña y el Papa

—¿Estás bien, Viviana?—, inquirió Zenobia examinándola de pies a cabeza.

—Sí, no pasó nada,—, mintió ella. Turner le clavó su particular mirada suspicaz. Tenía solo cuatro años más era imposible engañarle.

Zenobia le descargó una larga mirada al trío de tiranos más peligrosos no solo del cuarto grado, sino de todo el colegio: Franco, Rebeca y Lidia.

—Debemos estar muy alertos, Viviana porque hoy no tenemos a Savanah, —, advirtió Zenobia, y entraron al colegio. Les esperaba un día lleno de retos. Como ejemplo, mientras desayunaban, Rebeca tomó el banano y en cambio de mezclarlo con su cereal, sacó un marcador negro de su maletín y dibujó en él un rostro acentuado por dos rayas llevadas hacia arriba, simulando ojos, y se lo dio a su hermano para que se lo pasara a Bao, el niño vietnamita. Él era un excelente blanco para todo acoso por ser un estudiante nuevo, no hablar el idioma, y tener el rostro más largo de lo usual.

Franco puso la fruta al lado del rostro del chico mientras bramaba, —Pregunta: ¿Cuál es el banano y quién es el nuevo estudiante? ¿Cierto que no se distinguen? Je, je, je.—.

La campana sonó para la primera clase, y como de costumbre, Viviana empuñó fuerte la mano de Turner y con sus amigas, corrieron a dejarlo en su salón de Kinder y se embalaron a la clase de ellas. Casi siempre llegaban de medio a un minuto tarde, y la señorita Hathaway, una peliroja super antipática, aprovechaba la ocasión para regañarlas. No entendía por qué ellas no dejaban a Turner caminar solo a clase.

—El hermano de Viviana puede conducirse a su clase solito,—, era el mismo bramido de todas las mañanas. Savanah era quien siempre le respondía y a veces terminaba en la oficina del director, más hoy fue Zenobia quien habló por las tres: —Lo siento, señorita Hathaway pero Turner está muy chico para caminar solo a su clase, —, y terminó con algo insólito: —si fuera su hijo, usted también le acompañaría.—.

De inmediato, la profesora escribió un nota, se la entregó a Zenobia, y la despachó a la oficina del director. A Viviana por poco se le escapa una risotada. Volteó a mirar a Eva. Ella tenía la cara como tomate maduro y los labios apretados.

Si solo tuviera el valor de hablar como Savanah y Zenobia, pensó ella.

Zenobia regresó cuatro minutos después con una nota del director. Se la entregó a la profesora y tomó asiento al lado de Viviana. Para Viviana las gratas experiencias del colegio eran en este orden:

- Ir con Turner al colegio
- Tener a sus tres y únicas amigas en su mismo salón
- Tener a Zenobia de compañera de pupitre

La señorita Hathaway no perdió tiempo en pasar los exámenes. —Guarden completo silencio y mantengan los ojos pegados a *sus* hojas,— enfatizó.

—Si me doy cuenta que alguien está copiando, le quito el examen y le doy un cero. Tienen cincuenta minutos para terminar.—.

Viviana miró el reloj. Tenía cuarenta y nueve minutos para completar el exámen. Este consistía de dos páginas escritas por ambos lados. En ella había mucho escrito y pocos números. Esas preguntas eran los peores a sazón de que requerían entender bien los problemas y cuando estaba tan nerviosa como hoy, ella se aturdía y su mente quedaba en blanco. Respiró despacio y profundamente, así como su papá lo hacía antes de una competencia. Soltó el aire y se dijo, *Toma tiempo leyendo cada pregunta y contéstala.*

La primera decía: *Si compras cinco libras de semillas de linaza y cada libra cuesta siete dólares, ¿cuánto tendrás que pagar?* Se imaginó vendiendo en su puesto de limonada. Frente a ella había cinco clientes y Turner les cobraba a siete dólares por vaso. Se sonrió. Nunca podría cobrar tanto, pero, bueno, su hermano sí podría por ser tan primoroso. Entonces, lo que recibiría de ellos sería, $35.00.

Contestó el resto de las preguntas visualizándose en su puesto vendiendo. Turner estaba siempre a su lado y era quien recibía el dinero y lo guardaba dentro del joyero. Ella era la encargada de servir todo vaso y explicar su misión. Ni una vez se sintió avergonzada. Hablaba con claridad.

Había llegado a la última pregunta.

Respiró profundo y miró el relój. Le sobraban catorce minutos. Levantó la mano.

Por primera vez terminaba un exámen de matemáticas antes que los demás. Los chicos se sorprendieron. Eva y Zenobia le sonrieron y le mostraron el mejor gesto de aprobación; poniendo los dos dedos pulgares arriba.

—Zenobia y Eva, —, advirtió la profesora, manténganse concentradas en el exámen.—.

Uf, pensó Viviana, *ella siempre arruina un buen momento para mí.*

—Usted, Viviana, puede salir un rato. Regrese en diez minutos, ¿entendido?—. Ella asintió y se apresuró a dirección de la piscina de peces Koi. Rodeado de grosellas rosadas, era el sitio más lindo del colegio.

Los momentos gratos en la escuela, aparte de compartir tiempo con Turner y sus amigas, eran pocos. El momento más feliz de su vida fue cuando su hermano nació.

Se sentó en la orilla de la piscina y bajó la mirada a los peces. El recuerdo del nacimiento de Turner merecía recordarlo con todo detalle. Desde que tenía uso de razón empezó a rogarle a sus padres que compraran un bebé. Esto ocurrió al cumplir ella los tres años.

Meses después, su mamá adquirió una formidable barriga. Dentro de ella estaba metido el ser más esperado del mundo entero: su hermano.

La Niña y el Papa

Dos meses antes de ella cumplir los cuatro años, su papá llorando se le acercó y le pronunció las palabras más maravillosas que jamás había escuchado:

—Princesa, hoy nace tu hermanito.—.

Sin embargo, cuando su padre añadió el resto, estropeó su momento mágico: ¡Yo debo estar con tu mami! Espera a que nazca el bebé. Ten paciencia, ¿de acuerdo?—.

¡No! ¿Cómo podía acertar a esperar tranquilamente mientras el evento más extraordinario de la historia estaba ocurriendo? Enmudeció. Su mamá estaba en la habitación y ella no podía entrar. Se pasó el día entero caminando de extremo a extremo del largo corredor del segundo piso, frente a las cuatro habitaciones. Caminó millas. Memorizó cada raya y hendidura de aquel largo tablado de madera. Nunca había caminado tanto. Ni cuando escalaba con su padre la montaña Eylar, ni siquiera en Knotts Berry Farm. Sus pies le ardían.

Cúanto quiso traspasar la puerta y estar allí presenciando el milagro más hermoso de todos. No fue posible, tuvo que esperar. Eran las 11:15 de la mañana del miércoles, del 15 de Octubre, del 2010, día de colegio. Estaba vestida y su pelo lo tenía impecablemente peinado con la diadema de brillantes que su mamá le había comprado en una exposición de artesanías local. Llevaba puestos sus sandalias favoritas de Barbie color rosa, y un vestido de organza tambien rosado que solo lo usaba para reuniones muy especiales, como el cumpleaños de Savanah.

El nacimiento de su hermanito ameritaba toda su elegante indumentaria y quedarse en casa.

Fue el único día que faltara al colegio sin estar enferma. Sus padres lo entendieron. Al escuchar el débil llanto del bebé, su corazón se desbordó de un amor tan profundo como inexplicable. Se lanzó a la puerta y la golpeó con ambos puños. Debía ser la primera en alzarlo, arrullarle y besarle. La partera le abrió la puerta. Un emboltorio color celeste con franjas blancas descansaba sobre el pecho de Alexandra. Ella tenía los ojos llorosos. Eric lloraba y le sostenía la mano. Viviana se abalanzó a la cama. De rodillas se acercó a mirarlo.

—¡Lo quiero revisar todo!—, exigió.

Alexandra lo depositó sobre la cama y Viviana empezó a desenvolverlo. La cara era diminuta así como su naríz y boca. Los brazos eran demasiado delgados y las manos las tenía empuñadas y las lanzaba al aire demostrando lo que sería cuando creciera. Una vez estaba desenrrollado, Viviana profirió un grito y por poco se desmaya. No era para menos. Su hermanito tenía un ombligo largo y prensado por un gancho para secar ropa. Les costó un buen rato a los padres tranquilizarla.

Al entender que el bebé se había alimentado con los nutrientes de su mamá por nueve meses a través de esa cuerda adherida al ombligo, cesó de llorar y prosiguió a contar los dedos de los pies y de las manos. Envolvió al hermano, le besó los pies, la frente, la cabeza, y se acostó a su lado.

La Niña y el Papa

Turner entonces abrió una mano y le apretó su dedo índice. *Desde entonces, nunca nos hemos soltado,* pensó ella.

Unas risillas provenientes a sus espaldas, le borró la imagen. Era Rebeca, Franco y Lidia. Sus expresiones demostraban sarcasmo. El rostro de Rebeca llevaba escrito el deseo de volverla trizas. Los ojos de Viviana por poco se estrellan contra sus espejuelos. Brincó y se echó a correr. Sabía que terminaría dentro de la piscina y de pronto hasta con un pez en la boca, si no desaparecía al instante.

Una mano que se sintió tan gruesa y pesada como una garra de oso pardo, la tomó del cuello, la tiró al piso, y dos ladrillos le cayeron sobre la barriga. Eran dos rodillas. Las gafas salieron volando. Todo quedó nublado. Le tiraban del pelo y le cayó una lluvia de palmadas en los brazos, caderas, cabeza, especialmente en el rostro. La campana sonó. Sintió cuando el grupo de malhechores salieron corriendo.

—¡¿Qué sacan con pegarme!? ¡Aah! ¡Aah!—, gritó. Buscó las gafas palpando los alrededores. *Dios santo, que las hallan dejado,* pensaba.

Sus lentes descansaban sobre su pecho y por fortuna, estaban intactos. Se acomodó el cabello, la ropa y se apresuró a su salón. Tan pronto entró, la campana del relój de cocina de la señorita Hathaway, timbró. Los chicos todos saltaron de sus asientos.

Juzgando por las protestas, fueron muchos quienes no alcanzaron a terminar de contestar todas las preguntas.

Por fortuna, Zenobia y Eva, se mostraban tranquilas. Ambas se miraron y sonrieron mientras regresaban a sus pupitres.

En todo el día Viviana pensó en la golpiza que recibió y la burla a Bao, un niño quien probablemente había dejado seres queridos en su país de orígen para cambiarlo por otro en busca de un futuro prometedor a través de la igualdad, libertad, comodidad financiera, y el derecho a ser feliz, lo cual constituye el *"Sueño Americano"*. Tenía la opción de quejarse ante el director, sin embargo, las consecuencias serían peores. Las delatadoras eran abusadas doblemente.

Tendría que concentrarse en la venta de limonada para liberar a niños menos afortunados que ella. Durante el recreo habló acerca de su estante con sus amigas. Turner escuchaba entusiasmado y dio una espléndida idea de echarle a cada vaso un pedazo de diferentes frutas. Viviana aceptó la propuesta muy gustosa siempre y cuando fuera él quien las cortara con un cuchillo de mantequilla. Entonces Turner reconoció que la limonada con la receta acordada sería más apetitosa.

—Viviana, ¡quiero ver tu puesto!—, dijo Zenobia entusiasmada.

—Oh, iré todos los días a ayudarte a vender,—, prometió Eva.

Al terminar el día de colegio, los chicos, incluyendo los acosadores, se mostraban cansados y agobiados a consecuencia de los exámenes del día.

La Niña y el Papa

Era algo particular del Colegio Pleasantville; los profesores se ponían de acuerdo para dar exámenes el mismo día. Por tanto los hostigadores gastaban energía, especialmente neuronas pensando y consecuentemente, perdían interés en molestar a otros.

Al llegar a casa, Viviana hizo sus tareas con Turner en la casita de árbol y se sirvió una taza de cereal para los dos. Una vez terminaron sus deberes, siguieron de prisa a Eric quien sacaba el estante. Ya Alexandra tenía lista la limonada en la nevera.

—¡Gracias, mami!—, dijo Viviana con una amplia sonrisa, y tomó la jarra.

—Espera, hijita, yo te la llevo,—, propuso su mamá y agarró el cántaro.

Una vez más el estante estaba funcionando al final de la calle Armonía. Con el bosque a sus espaldas y escuchando la corriente del arroyo, la orquesta de miles de pájaros, con su amada familia a un costado de su puesto, y soñando en hacer muchas ventas para una estupenda causa, Viviana sintió una gran sensación de alegría.

—Princesa, —, dijo su papá, —te has impuesto una misión muy dura.—. Ella estudió su rostro. Mostraba ansiedad. Lo leía en el apretón de sus labios y en el fruncimiento del entrecejo. —Piénsalo Viviana, — *Ahora está descabelládamente preocupado,* pensó ella. *Cuando se refiere a mí por mi nombre es que se está saliendo de sus casillas.*

—Me explico,—, continuó él, —con el solo hecho de mostrar compasión por los niños esclavos de la foto, has demostrado que tienes el corazón más grande que he conocido. La mayoría de personas solo les importa sus propias vidas. Mientras que tú, amada, con solo pensar en ayudar a esos niños olvidados, demuestras tu verdadera belleza. No tienes más que probar.—.

—Papá,—, bramó ella sintiendo la sangre saltar a su rostro, —no quiero probar nada. Quiero ayudar. Tú lo dijiste; esos niños están olvidados.—.

Alexandra se acercaba con la jarra de limonada. La puso sobre el estante e intervino, —Pero preciosa, eres solo una niña.—. Obviamente, había escuchado la conversación. —Por más que quieras, qué tanto podrías hacer tú por ellos?—. Viviana hubiera preferido seguir siendo acosada todo el día a cambio de ver la expresión del rostro de su mamá: mostraba lástima.

—Mami,—, respondió ella luchando por contener las lágrimas, —yo los voy a liberar. Lo haré, lo haré,—, insistió estampillando fuerte el piso con el pie derecho.

—Pero, hijita,—, continuó Eric, —no te olvides; eres solo un niña,—, y le tocó la punta de la naríz. —Los límites nos los imponemos nosotros mismos, más debemos reconocer que los tenemos.—.

—Papi, tu una vez me leíste una cita de Ghandi que dice, *si lo podemos soñar, lo podemos hacer.*—.

La Niña y el Papa

Ciertamente, Eric una vez le leyó dicha cita. Como motivador, a él le gustaba leerle a la familia las más grandes enseñanzas de líderes que han cambiado el mundo.

Su papá le tomó la mano y la besó. —¿Estás segura de esto?—.

—Sí papi.—.

—Será difícil; muy difícil. Aparte, no puedes descuidar tus estudios. Recuerda, el colegio está primero.—.

—Lo sé,—, contestó ella. —Haré todas las tareas y después vendré a vender limonada.—.

—Pues bien, entonces respeto tu decisión. ¿Amor, y tú qué opinas? —, preguntó dirigiéndose a Alexandra.

—Yo te apoyo mi pequeña. En todo. Pero no olvides, eres solo una niña.—.

—No entiendo mami, ustedes lo dijeron: la esclavitud es muy triste.—.

—Es cierto, lo es. También es injusto, —, acordó Alexandra. Eric asintió.

Guardaron silencio. La mirada de Viviana tenía la firmeza de convicción como el día en que les pidiera una hermanita. Alexandra asintió con la cabeza. Eric la tomó de la mano.

—Estaremos en casa,—, dijo Eric. —Pero, tan pronto te canses, princesa, regresa a casa. ¿De acuerdo? —.

—De acuerdo, —, contestó ella. Se sentía disgustada de su edad. Si fuera una adolescente, no sería la gran cosa lograr su objetivo.

Eran las cinco de la tarde. Hora de su programa favorito, Super Galaxia, lo veía siempre con Turner. Hoy estaba sentada frente al estante con un garrafón de limonada en una calle desolada. Atrás de ella, el bosque se mecía de animales y de lindos parajes y lugares secretos donde solo ella, su hermano, y sus amigas, conocían. Pero, de hoy en adelante, hasta no levantar los fondos necesarios para liberar a los niños esclavos del mundo, ella no podría más volver a su lugar mágico. Todo su tiempo lo dedicaría a su estante. Turner sentado en el andén se disponía a lanzar piedras a la carretera. Estaba peligrosamente aburrido. Viviana lo percibía en la manera como sacudía los brazos, levantaba los hombros, y pateaba el aire.

—Turner, te ves cansado. Si quieres, regresa a casa,—, sugirió ella.

—¿Vamos los dos? —, preguntó él esperanzado.

—No, yo debo quedarme, —, respondío ella. Se sentía cansada de esperar. Habían solo pasado tres horas desde que llegara del colegio, y parecían miles. Se sentó al lado de su hermano. Él acunaba el mentón en una mano y apoyaba el brazo sobre su muslo. Se notaba muy abatido.

—En serio Turner, entra a casa. Están presentando Super Galaxia.—.

—¡No; ese show es tonto!—.

No lo era. Además, era el único programa que sus padres le permitían ver. El horario de ellos era muy ocupado con clases de gimnasia y práctica de natación para ver más que un programa de televisión.

—No es cierto, Turner, ¡a ti te encanta ese show!—.

—¡Ya no!—, insistió él y de un salto estuvo detrás del estante.

Era lindo contar con un compañero en todo. Ellos asistían a las clases deportivas juntos, estudiaban en el mismo colegio, y ahora estaban trabajando para hacer realidad el sueño de ella, que él sin entenderlo bien, lo compartía. Lo hacía porque la amaba. Igual había puesto todo su empeño para aprender un mundo de cosas nuevas para poder ir con ella al colegio. Hubiera sido más fácil y divertido para él quedarse en casa viendo televisión gran parte del día como la mayoría de los niños de cuatro años, pero para Turner pasar tiempo con su hermana era más importante que divertirse.

Su corazón se dobló en tamaño, y entonces, se puso de pie. —Espérame, Turner, ya regreso,—, voceó y corrió a la casa.

—¿Ya van a entrar, pequeña?—, preguntó Alexandra optimista. Estaba de pie vigilándoles por la ventana de enfrente.

—No mami, todavía no hemos vendido un solo vaso. —. Dijo Viviana agitada, —Vine por mi maletín. —. Corrió a su habitación, tomó su pesada valija donde tenía todos sus libros escolares y lo abarrotó con otros más. Estaba tan lleno que no pudo subir la cremallera. Lo acomodó en su espalda y ajustó las tirantas sobre el pecho. Jorobada salió de la habitación. Su papá se disponía a entrar a su alcoba para averiguar qué estaba pasando.

—Qué haces con ese maletín tan cargado de libros, princesa. Ven te ayudo, —, propuso, tomando los tirantes.

—Estoy bien, papá, no necesito ayuda,—, insistió y bajó las escaleras sosteniéndose de la barra protectora.

—¿Tienes más tareas?—, inquirió él siguiéndola.

Ella abriendo la puerta contestó,—Es que hoy no hay nadie en la calle, han pasado tres horas y no hemos vendido nada, Turner está muy cansado y si cargo este maletín pesado, me recordaré por qué estoy haciendo este esfuerzo.—.

Alexandra asomó la cabeza de detrás del espaldar del sofá. Ahora desde allí vigilaba por el ventanal del frente a Turner. Volteó a mirar a Eric y dijo, —¿Oiste eso, Eric?—.

Observando a Viviana aterrorizada insistió, —Muñeca, vas a lastimar tu espalda, deja que tu papá cargue tu maletín.—.

—Voy a estar bien. De veras. No se preocupen por mí. —.

Al día siguiente, tan pronto Viviana y Turner salieron del colegio, que por fortuna, Savanah ya se había recuperado de un episodio de asma lo cual le permitió retomar su rol de guardaespaldas de Viviana, Eric y Alexandra salieron a repartir volantes por la vecindad. Estaban profesionalmente escritos por Eric. Decían así:

Estimados Vecinos:

Les pedimos que apoyen a nuestra hija, Viviana Harr, de 8 años de edad quien está vendiendo limonada para una hermosa causa: liberar a los niños esclavos. Su estante de deliciosa y nutritiva limonada (sin preservativos ni azúcar refinada,) les espera al final de la calle Armonía. Gracias por su apoyo☺

No importaba que Lidia, quien vivía en la calle aledaña a la suya, fuera una de las vecinas que recibieran el volante.

Uf, sé lo que me espera, pensaba Viviana, *por tanto, no me podré despegar de Savanah.*

Por dos días consecutivos, Zenobia, Eva, y Savanah, acompañaron a Viviana y a Turner en el estante. Era divertido hacer las tareas juntos, contar historias, leer cuentos y vender uno que otro vaso de limonada a los vecinos. A las 7:00 PM, se levantaba el aparador y se regresaba a casa. Eric medía la limonada restante y la compraba para la familia. Viviana se entristecía con eso pues quería venderla a otras personas. Deseaba hacer su causa conocida y ser apoyada por todo Pleasanton.

En el colegio la burla hacia ella aumentó. Actualmente, la llamaban la limonera. A los acosadores ahora más que nunca, les sobraba arsenal para mofarse de ella.

En el bus, el baño, el patio del recreo, y hasta en el salón al frente de la profesora Hathaway, los hostigadores empezaban, —¡¿Sabían que la señorita Magú quiere liberar a los niños esclavos del mundo!? —,

—¿Quién se cree que es?... —

—¿Abraham Lincoln?... —

—¿La Madre Teresa?... —

—¿Martin Luther King? —

Savanah no daba a vasto respondiendo a cada ofensa, y Turner se mantenía siempre vigilante para defender a su hermana. Lo terrible es que mientras los abusadores molestaban, los demás se reían.

La Niña y el Papa

La señorita Hathaway disimulaba, más Viviana sabía que a ella también le parecía descabellado su propósito.

Incluso sus amigas le recordaban lo imposible que era su sueño. Una niña nunca había cambiado el mundo de tal manera. Ellas solo la acompañaron en el estante dos días más. Después hasta evadían hablar acerca de la limonada. Se había vuelto cuento viejo. *Afortunadamente falta poco para terminar el año escolar,* Viviana se obligaba a tener este pensamiento frecuentemente para tranquilizarce.

Entre agravios, burletería, tirones de pelo, y largas horas frente a un estante con un jarrón de limonada y mirando una calle vacía, finalmente llegó el 2 de Junio; el último día de escuela.

La señorita Hathaway, hizo pasar a cada niño frente a la clase para que contestara la siguiente pregunta: —¿Qué harán estas vacaciones? —.

Rolando pasaría con su familia por parte de padre, en Sevilla, España.

Lidia, iría a las Bahamas.

Savanah y sus padres visitarían Grecia, país que siempre soñó conocer. Una admiradora de la mitología Griega como ella debía pasar un tiempo saboreando el país de donde tanta hermosa leyenda había surgido.

De todos, Savanah fue quien más aplausos recibió. Ella era elocuente y convincente. Su voz era tan fuerte como su carácter. No le molestaba en lo absoluto tener un cuerpo macizo.

Incluso cuando recién entró al colegio el año pasado, los acosadores le clavaron la mirada e hicieron el comentario de su gordura. Ella puso sus manos en las caderas y les gritó, —¡El espejo me muestra mi cuerpo todos los días, y yo estoy bien con él! Si alguno de ustedes no lo está, afuerita lo discutimos.—.

Extrañamente, nadie hizo más comentario del asunto. Incluso Lidia le insistía que ella era una niña en crecimiento y no sabía por qué rayos algunos la consideraban pasada de peso.

Eva con una amplia sonrisa contó que sus padres la llevarían a Knotts Berry Farm.

Zenobia visitaría sus abuelos en Chicago.

El resto de los estudiantes pasaron. La última fue Viviana. Todos los ojos estaban centrados en ella. Lidia cruzó los brazos y reposó la cara sobre ellos lista para ocultar su rostro porque sabía que estallaría en risa. Franco se puso de lado para mirarla mejor.

Una vez frente a la clase, Viviana bajó la cabeza, subió las gafas con su índice, y susurró, —Yo me quedaré en casa vendiendo limonada.—.

Aquel fue el chiste más gracioso del mundo. Toda la clase reventó en risa. Sus amigas se taparon la boca y se miraron incrédulas. ¿Qué clase de bicho extraño le había picado? ¿Cómo era posible que no se le ocurriera decir una mentira piadosa a cambio de exponerse a mayor burla de todos?

La Niña y el Papa

—Niños, ¡atención!—, voceó la profesora. Todos habían perdido la facultad auditiva y elevado la habilidad de la risa. Algunos se agarraban con ambas manos la barriga ¡de temor a que estallara!

—¡Orden, he dicho!—, insistía la maestra. Se calmaron tan pronto les amenazó con traer al director. Su solo nombre sacaba el mejor comportamiento hasta de los peores acosadores.

Viviana mantuvo la cabeza agachada, y de tal manera regresó a su pupitre. Así se mantuvo durante el viaje a su casa. En dos ocasiones el chofer le tocó parar el bus para imponer órden. Por ser último día de clase y como ya no había consecuencias, los chicos siguieron burlándose de ella hasta que el bus se detuvo al frente de su casa. Turner lloró durante todo el trayecto.

—No te preocupes, —, insistía Viviana, —todo va a estar bien.—.

La verdad fue que para Turner, todo empeoró debido a que su hermana sacaba el estante desde por la mañana; después del desayuno, y lo entraba tarde en la noche. Esto se repetía día a día, incluso los fines de semana. Ella se negaba a ir a la playa, al cine, a los restaurantes, a la casa de árbol, y al bosque. Cuando se cansaba por falta de ventas, se cargaba su pesado maletín escolar para recordarse a sí misma del peso cargado por los dos niños de la foto. Ella se había vuelto aburrida y solo hablaba de liberar a los esclavos. *¡Vaya vacaciones más espantosas!* pensaba Turner.

Las ventas eran menos prometedoras. En los días buenos vendían veinte dólares.

En los malos sólo vendían dos. Viviana hizo un cómputo. El promedio de ventas eran de ocho a doce dólares por día. A ese ritmo le tomaría 18,750 días para acumular los 150,000 dólares, o 51 años. Se haría vieja frente al estante. No sólo estaría casada sino quizá hasta sería abuela.

Tres semanas después de salir de vacaciones, llegó a Pleasanton la feria anual del verano. Aparte de Knotts Berry Farm, bien podría ser el lugar más feliz del mundo. En ella había un mundo de atracciones como los carros chocones, la rueda volante, el carrusel, el gigantesco brinca-brinca, y la más variada comida y helados en un solo sitio.

—¿Adivina adónde iremos hoy, chicos?—, preguntó Alexandra sonriente. Turner abrió los ojos al máximo. Viviana sabía de lo que se trataba. Había visto el anuncio en el diario.

—Vayan ustedes con Turner a la feria. Yo me quedo.—.

Alexandra palidecio y encaró a Eric.

—¡Debemos hacer algo!—.

—Estoy de acuerdo. Ella está en serio,—, acordó Eric y dirigiéndose a Viviana, dijo, —Princesa, nunca pensé que llegaras a tanto. De acuerdo, te tomaré como mi cliente. Todos los días te filmaré y tendrás que escribir una nota en todos los medios de comunicación tales como Twitter, Facebook, y Medium. Esto lo harás por 365 días. ¿De acuerdo?—.

La Niña y el Papa

—¡Sí papi!—, alarió Viviana y se lanzó a Eric y lo envolvió en un abrazo.

—Empezaste en el verano. Estamos entrando en otoño, la temperatura está por cambiar. Hará frío, caerá lluvia, te cansarás mucho. ¿Estás segura que vas a resistir tanto?—.

—Sí, lo prometo.—.

Caminó alrededor de la circular calle sin salida del frente de su casa. ¡Cuánto pesaba su maletín! Recordó la foto del museo. Pensó, *Nadie entiende por qué ustedes me interesan tanto. Ni yo misma lo comprendo. Posiblemente sea porque sé lo que se siente ser despreciada por los niños de mi colegio; quizá sea similar a como ustedes se sienten aunque peor porque a ustedes les falta libertad y posiblemente ni tengan familia.*

No vio a Turner en el estante, más al acercarse, lo encontró dormido con la cabeza anidada entre los brazos cruzados. Las pestañas las tenía mojadas. Había llorado a consecuencia de no haber ido a la feria. Todo por culpa de ella. *Pobrecito mi ángel, no debo someterlo a esto,* pensó.

Tomó el otro asiento al lado de él y sacó un libro. Sería un día largo.

Claudia Carbonell

*A*atish y Ballabh no se despidieron de la abuela por la insistencia de su mamá de que debía dormir. Dentro de su carpa, ellos llevaban envuelto la mayor parte de su ropero lo cual todo estaba en pares: pantalones de mezclilla, camisas, sandalias, y todo el ropero del abuelo: dos pares de pantalones de tela de carpa que la abuela le había cosido a mano, un suéter de lana, tres viejas camisas rotas, y dos pares de zapatos.

Llevaban puestos los dos únicos pantalones de papá, y las dos camisas que más había usado. El accidente que le había robado la vida era tema del cual no se hablaba y el cerebro se negaba a recrear. Su muerte le había enseñado a la aldea el significado de la ironía, pues el señor Aarau Singh, había sido nómada toda la vida, más al sentar pie en Gahate, quedó embelezado con los entornos. Al costado occidental entre un nido de rocas, una cascada de agua emanaba y bañaba las terrazas inferiores de la aldea. Una extremidad de su caudal se salio y formó un afluente cual serpenteaba de extremo a extremo, la cima de aquella montaña hasta llegar al este donde se abalanzaba al río Idrawati.

La Niña y el Papa

La abuela le insistió a su hijo que se radicaran allí. Tendrían todo para su sustento en un mismo lugar. Agua, alimentos que cosecharían en época cálida, las gallinas les proverían de huevos, y las cabras y la vaca de leche. Negociaron con un aldeano su vieja casa. Estaba maltrecha y pedazos de tejas se venían abajo con la lluvia y los fuertes vientos. Aarau subía al techo todos los días para repararlo. A la tercera semana, ya estaba terminando cuando su pie se deslizó sobre el residuo de un monal colirrojo, y se vino abajo con varias tejas hasta chocar contra los eslabones de piedra del antejardín de su propiedad. Su sangre corrió por las ranuras de piedra e hizo desague en el corrientoso riachuelo. Por tanto decían en Gahate que el Río Idrawati estaba bañado con la sangre de Aarau.

La mamá enrrolló algo y en el momento de los chicos abordar la camioneta, lo metió dentro del envoltorio de la carpa. Una vez instalados junto con doce niños más, todos empezaron a despedirse de sus familiares con aullidos y bramidos.

Karishma estaba atacada llorando. De todos, era quien más ruidosamente lo hacía, y de los niños, Aatish y Ballabh eran quienes más suplicaban quedarse en la aldea.

—¿La abuela por qué no sale a despedirse?—, protestaba Aatish.

—¡Dile a la abuela que la amo!—, insistía Ballabh.

—¡Regresen pronto, hijitos!—, suplicaba Karishma, y se acercó haciendo venias a la ventana del conductor y le imploró al caballero Devang que cuidara de sus angelitos.

    La camioneta se estrujó. Los niños que estaban de pie, cayeron sobre el metal del suelo del vehículo. Se sentaron sobre el mismo y sobaron sus rodillas. Quienes se libraron del golpe, se abrazaron. Ballabh abrió la carpa y desenrrolló el envoltorio que le había metido su mamá. Era la bufanda de lana de la abuela y su pañuelo. Estaba recién lavado y mojado. No obstante, todavía estaba manchado con la descolorida sangre de la abuela.

La Niña y el Papa

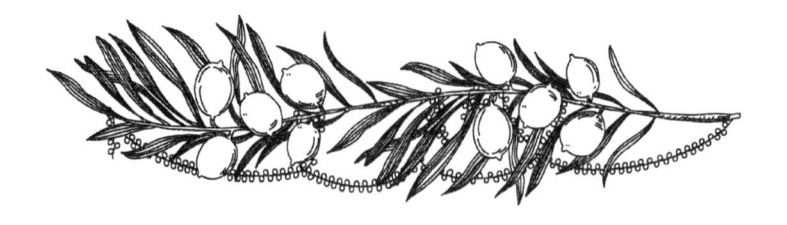

Las largas horas se tejieron en días, los días se encadenaron en semanas y de pronto, las hojas de los árboles de Catalpa entapetaban el frente de la residencia de la casa de Viviana, anunciando que el verano había terminado. Un nuevo año escolar empezaba. Viviana estaba por entrar al quinto grado. Por 67 días su papá la había filmado en el estante.

Estuvo frente a él cuando estuvo alegre y las veces que se sintió desilusionada de salir a la calle vacía porque sabía que los vecinos en una o dos ocasiones habían comprado limonada y no querrían más. La filmó cuando hubiera preferido jugar con Turner en el bosque a cambio de mantenerse frente al estante, y esos tres días que Buddy estuvo recuperándose de una operación en su pata izquierda delantera a consecuencia de una astilla que se le enterrara en el momento en que estuvo correteando por el bosque mientras Eric y Turner lo paseaban.

Dos días antes de entrar a la escuela, el noticiero 4 llamó para entrevistar a Viviana. En el primer día de colegio, mientras ella y Turner recogían sus maletines de encima de la reja del jardín y Alexandra tomaba el garrafón de limonada para regresarla a la casa, la camioneta del noticiero, seguida por el bus escolar, llegó hasta el final de la calle sin salida llamada Armonía, y se situó al frente de la última casa rodeada de Catalpas, la residencia de Viviana Harr, la niña del estante de limonada deseosa de liberar a los niños esclavos del mundo.

Los chicos se amontonaron frente a las ventanas del bus y pegaron las narices en los vidrios observando a Viviana. Los ojos de ellos se salían al contemplar a la reconocida periodista Ann Curry, saliendo del vehículo sosteniendo un micrófono y seguida por un hombre corpulento sosteniendo una filmadora. Ann Curry se antepuso al camarógrafo y empezó la entrevista.

Ann Curry: —¿Eres Viviana Harr? —.

—Sí, —, respondió ella sonriente.

Los chicos dejaron caer las mandíbulas. Eva y Zenobia habían pasado la noche en casa de Savanah, por tanto, estaban juntas. Eran las únicas quienes se mostraban complacidas.

—Ahora, a ver, ¿cómo se sienten de ver a la mismísima Viviana siendo asediada por el noticiero más importante del país? —, voceó Savanah. La pregunta por supuesto, era dirigida principalmente a Franco, Rebeca, y Lidia, quienes durante las vacaciones

La Niña y el Papa

habían planeado cuidadosamente toda una lista de bromas y maldades para ejecutarle a Viviana.

Para su desfortuna, todos alcanzaban a escuchar las preguntas de Ann Curry.

—Viviana, por 67 días has estado frente de este estante vendiendo limonada por una causa: liberar a los niños esclavos de todo el mundo. ¿Qué te motivó a ello? —.

La entrevista demoró siete minutos. El señor Chodorow no se molestó en esperar y mantuvo los ojos clavados en la reportera. Ella entró al bus y preguntó:
—¿Quienes son amigos de Viviana? —.

Todos levantaron las manos mientras exclamaban:

—¡Yo! —.

—¡Yo! —.

—¡Yo! —.

—¡Yo! —.

Viviana dijo, —Mis tres mejores amigas son Zenobia, Eva, y Savanah, y aquí están,—, enfatizó señalándolas. Estaban sentadas en la última hilera de sillas del bus. Les estaban guardando dos puestos a ella y a Turner. —Son también las mejores amigas del mundo, —, aseveró sonriente.

Ellas prorrumpieron en risillas nerviosas.

—Niñas, ¿ustedes piensan que su amiga logrará su sueño de liberar a 18 millones de niños esclavos? —, preguntó la señora Curry, dirigiéndose a ellas.

Savanah fue le primera en contestar: —Si alguien puede hacer algo imposible es Viviana.—.

—Será difícil, —, aseguró Eva, —pero yo creo que lo logrará.—.

—Yo también lo considero posible. Además tendrá nuestro apoyo,—, afirmó Zenobia.

—Y este guapo niño ¿quién es?—, preguntó acercándose a Turner. Él ocultaba el rostro detrás de la espalda de su hermana. El micrófono lo percibía amenazante y además no quería hablar delante de los cretinos del bus.

—Él es mi hermano, Turner. Es mi más grande apoyo, además es uno de mis más grandes héroes. —.

Turner bajó la cabeza y presionó su frente fuerte contra la espalda de Viviana. Sentía mucha vergüenza. Las hermanas no debían expresarse tan altamente de sus hermanos, especialmente cuando eran menores que ellas.

—Un día hablaremos, Turner. Por hoy, los dejo deseándoles a los dos lo mejor en sus esfuerzos,—, dijo la periodista y bajó del bus agradeciéndole al señor Chodorow.

Aquel día los niños en fila entraron al salón de quinto grado, ubicado al final del pasillo del segundo piso.

La Niña y el Papa

Savanah bajó la guardia con Viviana porque sabía que los acosadores no la fastidiarían. Todo niño de inteligencia inferior tiene un alto deseo de popularidad por tanto, se amparan bajo el regazo de quienes son respetados, ya que bajo su sombra, ellos también acapararán algo importante: atención.

La señorita Hathaway la ascendieron a quinto, y un profesor nuevo estaría a cargo del cuarto grado. Cada estudiante pasó delante de la clase para contar lo que habían hecho durante las vacaciones. Se habían divertido mucho. Todos excepto Viviana. Había pasado el verano trabajando. No obstante, fue ella quien más aplausos recibió. El haber sido entrevistada por la famosa reportera se volvió el tema más comentado del colegio. Ahora todo niño quería estar a su lado.

Cada día el deseo de Viviana de recaudar rápidamente los 150,000 dólares, escaló a una obsesión. Ella veía esta cifra en todos lados y su cerebro automáticamente convertía los números uno, cero, y cinco, en su objetivo de ventas. Eric se comunicó con la Fundación llamada Sin Lucro, (No Profit Foundation), y el dinero generado de las ventas de la limonada, era enviado a ellos.

Actualmente, cada vez que alguien se acercaba a preguntar cúanto costaba el vaso de limonada, Viviana contestaba: —Pague lo que su corazón le indique,—, mientras mostraba la foto que le enseñó acerca de la esclavitud infantil. Una vez un señor sacó hasta el último centavo de su billetera el cual acendió a 122.00 dólares.

Hacía frío intenso. Los peores días eran los lluviosos o cuando Pleasanton era azotado por fuertes vientos. Ocho veces los vendavales fueron tan severos que Eric tuvo que correr al estante y sostenerlo con toda su considerable fuerza para que no saliera volando. En esos días nadie salía a comprar limonada. El bosque detrás de la calle Armonía rugía y varios árboles se derrumbaron. No obstante, Viviana se mantenía firme frente a su puesto.

Es de esperarse que el cambio de clima y la contínua exposición al frío por largas horas, ocasione un fuerte resfriado. Eso le pasó a Viviana, el 12 de septiembre del 2011. Empezó con dolor de cabeza y huesos, y terminó con estornudadera, ojos llorosos y fiebre alta.

—¡No puedo faltar al estante!—, insistió ya que sus padres le prohibieron salir. Su salud estaba primero. Ella lloró y aumentó el volumen de sus súplicas para que le permitieran trabajar. No era posible, sus padres estuvieron firmes en mantenerla dentro de casa. A Viviana se le ocurrió una idea: instaló un letrero grande al final de la calle el cual decía: *Venta de limonada en la Casa #3 de la Calle Armonía.* En la puerta de la casa, Eric puso el armazón. Viviana vigilaba por la ventana del frente toda la actividad de afuera: ¡NO HABÍA NINGUNA! Envuelta en una cobija gruesa, con una caja de kleenex a su lado, y Turner dispuesto a servir cada vaso. No obstante, ese día no hubo ni una sola venta.

La Niña y el Papa

Al día siguiente, ya la fiebre había pasado. Le quedaba un fuerte dolor de garganta y de coyunturas. Fingió sentirse estupenda, y sacó su venta. También lo hizo en Navidad y Año Nuevo. Habían pasado siete meses: 210 días, y las ventas habían alcanzado a 5,210 dólares. Sus padres habían contribuído con 3,000 dólares del total.

Las bajas ventas no truncaron la avalancha de publicidad que Viviana estaba generando. Eric batallaba para mantenerse a la altura de las exigencias de los medios de comunicación. En las noches, después de regresar el puesto a casa, él llevaba a Viviana a las entrevistas. Muchas estaciones de radio estaban a varias horas de distancia. Había que tomar una desición: sacar a los chicos del colegio y educarlos en casa. Alexandra sería la nueva maestra.

Savanah, Zenobia, y Eva, saltaron a la oportunidad de tomar clases en casa de los Harr. Sus padres estaban encantados de ello. De todos, Turner fue quien más se emocionó de pasar todo el tiempo con su hermana y sus amigas. Además, tener a Buddy acurrucado a sus pies era tan divertido y lo mejor de todo era que no había acosadores por qué preocuparse☺

Un viernes, Viviana envió un Tweet con el siguiente mensaje:

Hoy al final de la calle Armonía en Pleasanton, California, habrá limonada, pese a la lluvia.

Nicholas Kristof, contestó al Tweet:

Como estoy en Nueva York, no podré ir·

Mientras Eric revisaba los mensajes enviados a Viviana, vio el mensaje de Nicholas, y le preguntó:
—Muñeca, ¿has visto el mensaje que Nicholas Kristof envió?—.

—Sí papá pero no conozco al señor.—.

—¡Yo sí! Él es el famoso periodista de New York Times, y autor del libro *El Centro del Cielo.*—.

—Papi, más tarde vamos a la biblioteca para comprar su libro, —, y de inmediato Viviana le contestó a Nicholas lo siguiente:

Gracias, Nicholas, hoy iré a la librería para comprar tu libro·

Nicholas le respondió:

Pronto iré a California a probar la limonada de la niña deseosa de liberar a los niños esclavos del mundo·

Entonces ocurrió la magia de los medios de comunicaciones cuando un mensaje es visto por miles de personas: se volvió viral. Un montón de lectores contestaron al último tweet del famoso escritor deseoso de apoyar a una niña con un gran sueño.

La Niña y el Papa

Una avalancha de periodistas llamaban todos los días a la residencia de los Harr deseosos de entrevistar a Viviana, entre ellos, Jeff Probst del famoso show que lleva su nombre. Para la entrevista, ella debía viajar a Hollywood. Todos fueron, incluyendo Buddy. El estudio donde se filmaba el programa era oscuro y dividido por paredes móviles hechas en lámina delgada.

Tan pronto Buddy se abrió paso dentro del estudio, tomó el agarrador de su lazo entre los dientes, lo haló de la mano de Viviana y se enloqueció con el ruido, las cámaras, el desórden en el cuarto de maquillaje, y la cantidad de personas yendo y viniendo. Lógicamente debía imponer órden. Correteó de izquierda a derecha y de arriba a abajo.

Viviana, Turner y sus padres lo seguían gritando, —Detente, Buddy, ¡no corras!—.

Conocemos poco del dialecto canino y del mecanismo auditivo de los perros. Algo probable es que ellos tienden a entender los mensajes al revés. La familia Harr le gritaban "¡detente!" más parecía que él estaba oyendo: "¡Has todo el desórden posible y derrumba las paredes." Esa fue exáctamente su hazaña cada vez que su familia se acercaba para tomarle del lazo el cual en ningún momento dejó de apretar entre los dientes.

Jeff Probst estaba en la sala de maquillaje con una de las paredes sobre las rodillas. Soltando una carcajada dijo, —¡Me imagino que este particular visitante es miembro de la familia Harr! —. Buddy se sentó y le puso una pata sobre la pared la cual momentos antes dividía la sala de maquillaje.

—El gusto es mío, —, dijo Jeff.

—Buddy, ¡ay, qué vergüenza!—, voceó Viviana sonrojada, seguida por Turner.

—Lo siento, es nuestro perro,—, explicó ella bajando la pata de su mascota del regazo de quien estaba por entrevistarla en televisión.

Alexandra y Eric entraron, se disculparon, se rieron, y una vez Buddy se aseguró que todo el desórden era solo atmosférico y que las personas eran de confianza, se portó como todo un caballero y una vez los asistentes volvieron a erguir las paredes, él ni las olfateó.

Eric le había advertido a Viviana que la primera entrevista televisada era siempre la más difícil. En un estudio rodeado de cientos de personas, luces y de cámaras— y una casi encima del rostro de Jeff, el show empezó.

—Hoy tenemos a una niña de nueve años quien durante noventa días ha estado afuera de su casa, frente a un estante construído por su padre, vendiendo limonada. Ustedes se preguntarán, ¿qué hay de novedoso que una niña venda limonada afuera de su hogar? Muchos chicos lo hacen. Lo diferente de nuestra invitada de hoy es su misión. Ella no se beneficia ni con un centavo de las ventas. Esta pequeña recoje todos los fondos para liberar a los niños esclavos del mundo. Oyeron bien: su propósito es liberar a los diesiocho millones de niños esclavos. Aquí la tenemos. Démole un fuerte aplauso a la niña que está haciendo historia: ¡Viviana Harr! —.

La Niña y el Papa

Un telón negro dividía un estrecho espacio donde la maquilladora le aplicaba a Viviana los últimos toques de polvo en la cara—de donde estaba a punto de ser acribillada.

—¿Lista princesa?—, su papá preguntaba.

—Recuerda, solo habla del corazón, —, su mamá le alentaba.

Turner empuñaba fuerte la correa de Buddy mientras que este intentaba soltarse.

El suelo empezó a abombarse. Se sentía mareada y un agudo silbido detonaba en los oídos: *Tan pronto salgas a través del oscuro telón, te enfrentarás con la muerte.*

—¿Te sientes bien, amada?—, preguntó Eric mientras Alexandra le masajeaba los hombros.

Recordó que habían viajado de lejos con toda la familia. Su papá había dejado de atender a sus clientes para dedicarle a ella todo su tiempo. Turner se mantenía siempre a su lado en el estante, aburrido a morir. Su mamá le ayudaba a preparar la limonada y le daba tanto apoyo con su inmenso amor. No tenía otra alternativa más que contestar todas las preguntas *perfectamente*. No podía ser... bueno, ella. Tendría que ser otra niña. Una llena de seguridad en sí misma, con sentido del humor, coherente, y brillante.

—Eres todo eso y más,—, le aseguraban sus padres.

No supo si pensó en esos atributos o los dijo en voz alta y sus papás le contestaron, o sencillamente ellos le leyeron la mente. Eran tan extraordinarios que no sería extraño si tuvieran facultades proféticas.

—Princesa, respira lento y profundo,—, le aconsejó Eric, mientras el entrevistador voceaba, —No sé qué habrá pasado con nuestra invitada de hoy... Viviana, ¿estás aquí?—.

Turner soltaba risillas nerviosas y Buddy chillaba observándola con ojos compasivos. Respiró muy profundo, puso los dedos en la apertura de la cortina y la hizo de lado.

Salió frente a una audiencia. Estaban en vivo. ¡En vivo!

—¡Que me trague la tierra!—, susurró y exhaló. Balanceándose lo mejor que podía por el piso abombado, arrastró los pies interminablemente hasta llegar al frente de Jeff. Él se había puesto de pie.

—Bienvenida; bienvenida. ¡Viviana Harr, damas y caballeros!—. La audiencia silbaba y aplaudía. No obstante, el aire empezaba a faltarle. Se vio al frente de su salón de clase mientras los chicos rugían todo tipo de lastimosos comentarios y la señorita Hathaway la aplastaba con su mirada reprobatoria. Después de clase, si no estaba Savanah pendiente de ella, los acosadores le caían encima.

—Viviana,—, empezó Jeff, —Sabemos de tu misión, ahora queremos saber ¿por qué te toca tanto los esclavos? ¿Por qué no la crueldad contra los animales?

La Niña y el Papa

¿La problemática del medio ambiente? ¿El cambio climatológico?—.

Ahora ella se vio frente a la foto de esos dos niños cargando las pesadas rocas en sus espaldas. —Todos los problemas que afectan al mundo tambien me tocan,—, aseguró, y subió la mirada arriba a la pared frente a ella. Había una enorme pantalla captando su rostro.

Cada una de sus palabras estaba siendo escuchadas por más de trescientos millones de personas en los cincuenta estados de los Estados Unidos. Entre ellos se encontraban los acosadores de su colegio y de todas las escuelas públicas del país. Por otro lado, estaban los niños de la foto quienes representaban aquellos dieciocho millones de esclavos quienes ella había prometido liberar.

Volvió a respirar profundo y contó de su visita al museo con su papá e ignoró las cámaras y la pantalla de televisión frente a ella. Se sintió a gusto con Jeff. Le miraba a los ojos. Él le sonreía en todo momento y le repetía cúan importante era su misión.

—Viviana, si pudieras mandarles un mensaje a los niños esclavos de todos los rincones del mundo, ¿qué les diría?—.

—Quiero que sepan que todo va a estar bien. Que la vida les va a cambiar.—.

—Qué es lo que más quieres en tu vida? —.

—Lograr la liberación de todos los niños esclavos mientras esté viva.—.

La gente se puso de pie y aplaudió. Viviana volteó a mirar. La mayoría de la audiencia lloraba. Todos gritaban su nombre. Incluso cuando Jeff se despidió de Viviana y ella desapareciera detrás del telón, la gente seguía enloquecida rugiendo su nombre y aplaudiendo.

Aquel día lo recordaría siempre.

Pronto todo un equipo de filmadores siguió a la familia Harr durante nueve meses documentando sus vidas. De nuevo, las flores de los árboles Catalpa alfombraron el frente de la casa de ellos y una vez los cineastas estuvieron satisfechos con lo captado ante las cámaras, las hojas de los Catalpa se tornaron amarillas y cayeron como un diluvio de corazones dorados. Para entonces, era Diciembre 12 del 2012. Los medios de comunicaciones anunciaban que de acuerdo al calendario Maya, en este día el mundo terminaría.

Era el mejor momento para llevar el puesto de limonada a Nueva York Times Square para mejor esparcir el mensaje de liberación de Viviana a más de noventa mil asistentes. Una reportera se acercó a la familia y preguntó: —¿Si hoy fuera el fin del mundo, qué quisieran estar haciendo? —. Todos se miraron y Viviana respondió: —¡Exáctamente esto! —.

El trueno de un rayo llamó la atención a la gente. Las miradas subieron al firmamento y una lluvia de motas de algodón bajó del mismo.

La Niña y el Papa

La gente se tomó de las manos y empezaron a cantar la canción titulada *Libertad*, de Eddie James. La gente subió la voz en un grito emocionado al llegar al coro de la canción la cual decía,

No más grilletes,

no más cadenas,

no más esclavitud,

soy libre.

Pronto la calle y las cabezas de los presentes se cubrían de nieve. Pareciera que Viviana estuviera ofreciendo chocolate caliente a cambio de limonada helada. Todos querían ser parte del movimiento creado por ella.

Al final de la noche, el hotel Peninsula les mandó a la familia Harr limonada con gengibre caliente en una bandeja de plata. A la medianoche, la gente gritó sobreexcitada: —¡Aún estamos vivos! ¡Estamos vivos! —.

La vida continuaba, y Viviana había alcanzado su meta al llegar a los 150,000 dólares en ventas.

Eric con ojos llorosos le dijo, —Princesa, por fín lo lograste; alcanzaste tu objetivo.—.

Turner la abrazó y Alexandra acariciándole la cara le preguntó: —¿Cómo te sientes después de recaudar tanto dinero? —.

—¿Ya terminamos con la esclavitud? —inquirió Viviana.

Eric y Alexandra se miraron sorprendidos. Viviana los observaba atentamente y Turner halando el suéter de cachimiro, de su mamá, les rogaba, —Por favor digan que sí, ¡sólo digan, SÍ!—.

Una de las reporteras estaba grabando a la familia y acercó la cámara al rostro de Eric.

—No, la esclavitud no se ha acabado,—, respondió él.

—Entonces mi labor tampoco ha terminado,—, contestó Viviana.

Durante el vuelo a casa, Viviana no cesaba de proponer diferentes maneras de ganar dinero para la liberación de los esclavos. Ahora no solo quería liberar a los niños sino también a los adultos. El total de esclavos en el mundo ascendía a 30 millones.

—Nadie merece ser maltratado de tal manera y trabajar tanto ¡para el beneficio de un hombre mezquino!—, protestaba ella.

—Tienes razón dulzura, pero, ¿cómo vamos a generar más dinero? Nuestra cuenta bancaria ahora demuestra que somos personas pobres. Esto ha pasado porque hemos sacado más de ella de lo que tu mamá y yo hemos depositado.—.

La Niña y el Papa

insistía. —Debe haber una manera de hacerlo, lo sé,—,

El día en que Viviana les anunciara su brillante idea para liberar pronto a los treinta millones de esclavos del mundo, la cuenta bancaria de ellos había alcanzado el nivel negativo. Su propuesta era envasar la limonada en botellas al estilo de Coca Cola o Pepsi. Descabelladamente, sus padres de nuevo, aceptaron. Esta vez usarían dinero plástico, convenientemente llamado, *tarjetas de crédito*.

A Viviana nunca le habían gustado las restas y menos en esos días en que comprendiera el dilema de sus padres con la institución monetaria responsable de guardar los fondos de la familia. Ellos les debían dinero a la misma. Esto a consecuencia de haber hipotecado la casa, invertido todos sus ahorros en miles de botellas y en la materia prima para la preparación de la limonada, y en haber hecho campañas de mercadeo, sin resultados.

El momento en que la suma total de todas las angustias cayera sobre Eric y Alexandra sucedió así: el banco les mandaba cartas y les llamaba recordándoles que empezaran a pagar la hipoteca, o la hermosa casa ubicada al final de la calle Armonía frente a uno de los bosques más mágicos de California, rodeada de Catalpas y al fondo, de árboles de manzanas coronada por la casita de árbol de los chicos, sería propiedad del banco.

Hoy el instituto financiero envió a la familia Harr una carta oficial.

Esta vez el banco ya no los estaba amenazando sino que estaba tomando medidas legales.

—Viviana, ya no podemos seguir. Perdónanos pequeña pero ¡estamos arriesgando a perder nuestra casa! —, le suplicó Alexandra al abrir un sobre donde se estipulaba el valor de la casa después de la hipoteca. Los Harr debían más dinero que la cotización de la propiedad. Aunque para ellos el verdadero valor estaba en los recuerdos enmarcados en aquellas paredes.

—No mami, —, lloró Viviana, —¡no nos podemos dar por vencidos!—.

Eric al escuchar a Viviana llorando, corrió a ella, seguido por Buddy. —Qué está pasando? —, preguntó él. Ya el perro estaba erguido en sus patas traseras y había colocado las delanteras sobre los hombros de Viviana y le lamía las lágrimas. —¡Uuf! —, le imploraba que dejara de llorar, más ella estaba inconsolable.

—Mira esta carta del banco, Eric,—, se desgañitó Alexandra pasándosela. Las comisuras de su boca empezaban a bajarse.

—¡Oh no! Nos va a quitar la casa,—, y encarando a Viviana, dijo, —princesa, primero debemos atender nuestros asuntos antes de asumir los problemas del mundo.—.

—Papá, si no lo hacemos nosotros, ¿quién se encargará de ellos?—, protestó ella elevando el volúmen de su llanto. Buddy chillaba y seguía su oficio de lamerle las lágrimas.

La Niña y el Papa

Sosteniéndose de las paredes, las mismas que quizá pronto dejaría de palpar, Viviana llegó al sofá de la sala. Se acostó a llorar. Turner se sentó al lado, tomó su cabeza y la puso sobre sus muslos. —Todo va a estar bien,—, le susurraba, aguantando su propio llanto para no afligirla más. Buddy se sentó a su lado y puso el hocico sobre su pecho y fijó la mirada a sus ojos listo para lamerle toda lágrima.

¿Donde quedan tus sueños cuando ya no tienes los recursos para nutrirlos? pensaba Viviana. Eran tan frágiles como un niño. Necesitaban alimento y un ambiente sano para crecer. Más los sueños perdidos como los niños esclavos, no gozaban de ninguno.

El retrato de los dos esclavos del museo se materializó nuevamente en su cabeza, no como una foto estática sino como una movediza. Los chicos doblaron las rodillas dispuestos a saltar al abismo. Antes de hacerlo, ella levantó las piernas muy en alto. —Permiso, Buddy,—, ordenó. El perro estuvo erguido ladrando. Ella estampilló los pies en el piso, sacudió su mareo y una vez el suelo volvió a nivelarse, corrió hacia sus padres.

—Papá, mamá,—, se desgañitó mirándoles por encima de los lentes, —no podemos darnos por vencidos sin antes haber agotado todos los recursos. —. Esas eran palabras de Eric. Las adoptaba de los mejores motivadores del mundo. Entre ellos estaban Napoleon Hill, Max Lucado, Jack Canfield, Stephen Covey, y otros. —Además vamos a economizar dinero. No volveremos a comer en restaurantes, no iremos más a cine, le diremos a Joaquina que deje de venir a limpiarnos la casa y lavar nuestra ropa. Nosotros aprenderemos a cocinar, limpiar casa, y cuidar de nuestra ropa. ¿Cierto, Turner?—.

Después de desplomar su mentón, él se dispuso a patear el piso. La situación en casa pasaba ¡de mala a ridícula! Todavía le costaba trabajo amarrarse los cordones de sus zapatos de tenis. Limpiar casa y lavar ropa parecía complicadísimo sin mencionar lo aburrido.

Durante los tres días sucesivos, la sonrisa de Eric se borró de su rostro. Alexandra dejó de flotar sobre el piso. Ahora parecía que estuviera arrastrando sus pies. Semejante a un esclavo encadenado quien es obligado por su amo a hacer trabajos indeseables.

Debo dejar de ver tantos documentales sobre la esclavitud, pensó Viviana y le dio un mordisco a su labio inferior. Sus labios estaban hinchados. Había adoptado el hábito de halar la piel de ellos con los dientes hasta hacerlos sangrar. También lo hacía mientras fingía estar durmiendo.

Posteriormente al beso de sus padres de buenas noches, y cuando todo quedaba en silencio, llevaba su computadora a la cama, se ponía los audífonos y veía documental tras documental acerca de la esclavitud. Era una amarga obsesión. Sabía que manteniéndose conectada a los esclavos a través de aquellas imágenes, mantendría viva su misión de liberarles. Buddy dejaba sus pies y se acostaba al lado de ella pendiente de sus ojos. Quería asegurarse de que permanecieran secos en todo momento.

La Niña y el Papa

Cayó la noche bostezando su aliento gélido y cubriendo con su manto oscuro la luna y todo brillo del firmamento. Una orquesta de grillos intensificaba los gemidos y el llanto de los trece niños de la aldea de Gahate quienes ahora habitaban una aldehuela tan desconocida como amarga. Ya uno de ellos llamado Chintak, de trece años, había muerto.

—Aatish, —, dijo Ballabh, —si te concentras solo en el ruido de los grillos, el llanto de los niños no se escucha tanto.—.

—Tú procura dormir,—, susurró Aatish, —mañana será otro día de mucho trabajo.—.

Ballabh tembló. Su espalda no aguantaba más cargar el peso de esas enormes losas de piedra. Los hombros los tenía agrietados tanto como la planta de sus pies. Aatish tenía abierta la piel de los dedos grandes del pie por donde metía el dedo a su sandalia. Las de Ballabh estaban tan rotas que dolían más llevarlas puestas que andar descalzo.

—Mañana nos pondremos los zapatos del abuelo. Esos nos protegerán los pies, —, propuso Aatish.

—Oh cierto, los zapatos del abuelo,—, Ballabh convino, abriendo mucho los ojos, —con ellos no vas a sentir dolor en los pies, Aatish, son muy cómodos.—.

Siempre se acostaban boca abajo. El dolor en las espaldas y en los hombros no les permitía acostarse boca arriba ni de lado. Llevaban puestos todo el ropero de ellos y el de su abuelo para mitigar el frío. Igual que en su aldea, respiraban por debajo de la carpa y ambos cubrían sus rostros con la bufanda de la abuela.

—¿Cómo estarán mami y la abuela?—, preguntó Ballabh con voz quebrantada, —las extraño tanto.—.

—Duerme ya o el viejo malvado te matará a golpes así como lo hizo con Chintak.—.

—No es cierto, él no lo mató, —, susurró Ballabh, —Chintak trató de huir y un tigre se lo comió. —.

—No seas tonto. Eso es lo que nos quieren hacer creer pero yo sé la verdad. Todos la saben, pero no quieren admitirlo por miedo.—.

Aatish tenía fresca en la memoria aquella mañana, a los noventa y siete días de haber llegado al reclutamiento. Chintak se notaba muy cansado. Se quejaba de la espalda y no paraba de llorar.

La Niña y el Papa

Bajó la empinada montaña y descargó la losa al lado de la camioneta de Devang para después de la jornada de trabajo, cargarla junto con las demás al vehículo.

Una vez más bajó trayendo su última losa. Levantó el cinturón de la cabeza y lo dejó caer al suelo mientras los otros niños empezaron a depositar las rocas a la camioneta. Deslizó los dedos por debajo de la losa y empezó a temblar. Con toda su fuerza trató de levantar el bloque de piedra más a cambio, gemidos salían involuntariamente de su boca. Llevó una mano a la parte baja de la espalda y la hundió como si estuviera acomodando las vértebras en su sitio. Se sentó, tomó sus rodillas y se acostó con la cara a la luna. Se meció de lado a lado masajeando fuerte sus vértebras contra la dura tierra. Prefería romper más la piel con tal de ajustarse los huesos.

Mientras Devang salía del oscuro reclutamiento de los esclavos, gritó, —¡De pie!—.

—No puedo, señor,—, gimió Chintak.

—Ya lo he repetido varias veces, ¡llámame amo! —, desabrochó la terrible correa negra de búfalo, y con ella le dio dos garrotazos en los brazos, y el más fuerte le cayó en la espalda.

Chintak trató de pararse. El dolor desfiguraba su rostro. Varios chicos se acercaron deseosos de ayudarle, entre ellos los hermanos Singh.

—¡A trabajar todos! Dejen que este perezoso se ponga de pie solo, —, gritó Devang. —A ver que tan hombrecito eres; ¡de pie!—.

Chintak irguió la espalda, se sentó, más en el momento de flexionar las rodillas para pararse, las piernas temblaron y el cansancio extremo lo hizo caer de lado. Devang lo levantó como un trapo viejo, lo lanzó a la caja de carga de la camioneta la cual estaba repleta de losa, y se lo llevó. Los chicos temblaron, de seguro el golpe le había quebrado un hueso. Al día siguiente, el amo regresó contando que el malagradecido había tratado de escapar y que bajando del monte, un tigre lo atacó.

Aatish en toda la noche no pudo dormir aunque ¡con todas sus fuerzas deseaba cerrar los ojos y olvidarse de todo! Borrar de su mente aquel día cuando salió con su hermano de la aldea. El viaje tomó diez horas y Devang sólo detuvo el vehículo una vez para orinar entre los arbustos de un caserío. Los chicos saltaron a hacer lo mismo. El intenso frío y la absoluta hambre hacían gruñir sus estómagos y castañetear los dientes.

En varias ocasiones, los hermanos quienes estaban sentados debajo del vidrio posterior de la camioneta, lo golpeaban para llamarle la atención a Devang. Él les miraba por el espejo retrovisor y ellos podían notar que se reía por el abultamiento de sus ojeras negras. Sobre el asiento del pasajero había una canasta de comida de donde él sacaba emparedados y bebidas enlatadas. Durante todo el viaje estuvo comiendo y bebiendo.

Las entrañas de Aatish se revolcaban al pensar en las palabras de la abuela quien tanto había creído en ese horrible lobo vestido de oveja.

La Niña y el Papa

—¡Será mejor saltar de la camioneta!—, él advertía, —¡este tipo nos va a matar! —. Más nadie le escuchó. Los demás niños, incluyendo Ballabh, aseguraban que Devang era como su nombre lo definía en el idioma Hindú, *un hombre de Dios*.

Subieron una montaña empinada. A un lado había un abismo en cuyo fondo corría un río. El frío se intensificó y los niños se envolvieron en cobijas y aquellos cuya familia habían sido nómadas, como era el caso de los hermanos Singh, se ocultaron debajo de sus carpas. Era de madrugada cuando por fin, la camioneta se estacionó al lado de una masiva construcción hecha en eslabones de roca semejante a una cárcel de ciudad grande, con dos insultantes ventanas diminutas y una puerta enrejada que dejaba ver el frío suelo de cemento donde los niños se acostarían boca abajo a llorar, a castañetear los dientes debido a sus espaldas adoloridas, hombros lastimados, cráneos hendidos, y pies agrietados, durante el esporádico sueño de cada noche. Una vez Aatish reconoció el torturante futuro que les esperaba, gritó, —¡Nos han tomado de esclavos!—.

*C*omo de costumbre, Viviana seguía sacando el estante de limonada y ahora ella y sus amigas, repartían volantes por la vecindad. Los sábados la familia limpiaba la casa. Alexandra lavaba los cinco baños y la cocina, Eric pasaba la aspiradora en el primer piso, Viviana lo hacía en el segundo, y Turner sacudía los muebles. Alexandra y Viviana desempolvaron la enciclopedia de cocina que un amigo le regalara a sus padres cuando se casaron, y planearon el menú semanal para todo el mes. Los ingredientes eran económicos. Los platillos era nutritivos y casi siempre, comibles.

Un miercoles, después de clase y Alexandra despidiera a los estudiantes de la casa, Eric salió de su oficina. Sus ojos brillaban y una tímida sonrisa se vislumbraba.

La Niña y el Papa

—Me he comunicado con treinta ex clientes. Les propuse que sean nuestros socios. ¡Nueve de ellos han aceptado! Tendremos suficiente dinero para seguir con tu misión, princesa.—.

Viviana gritó y se lanzó a Eric y le abrazó con todas sus fuerzas. Él por poco cae al suelo de espaldas.

El primero en aceptar la oferta fue un jóven quién había heredado un montón de dinero de su recientemente fallecido padre. Ya había malgastado parte de la fortuna jugando en los casinos de Las Vegas, y ahora quería hacer con lo que sobraba algo por lo cual su padre se hubiera sentido orgulloso. Tendría que ser una causa noble. La misión de Viviana era exáctamente esa.

Alexandra diseñó la etiqueta de las botellas de limonada. Era un círculo y en su centro habían varios corazones y a su alrededor once personas de todas las razas tomadas de la mano, parecían bailar sonrientes. El nombre de la marca estaba arriba del dibujo la cual decía: *Haga un Cambio, Limonada Orgánica. Los fondos ayudarán a poner fín a la esclavitud infantil.* Viviana insistió en incluir una medalla en forma de cadena para cada botella con otro mensaje breve: *Cada limonada libera esclavos.*

Compraron veinte mil botellas más e ingredientes, y en la cocina de los Harr, toda la familia y el nuevo inversionista, se turnaban para exprimir limones, medir el néctar de agave, y mezclarlo todo. Pasaban los días trabajando.

Entretanto, Eric llamaba a las tiendas de Pleasanton y les comunicaba acerca de la deliciosa limonada con una gran causa. Whole Foods y Mollie Stone's fueron los primeros clientes.

Viviana quiso distribuir la primera órden de su limonada enbotellada a Whole Foods. Era uno de sus supermercados favoritos porque la mayoría de los alimentos eran orgánicos y libres de ingredientes sintéticos y garantizados de no ser genéticamente modificados.

Al lado de otras bebidas naturales, *Haga un Cambio Limonada Orgánica*, se situó luciendo como toda una distinguida dama con su colorida vestimenta y decorada con una cadena en el cuello.

Ahora a cambio de sacar su estante de limonada, Viviana, Turner y Alexandra visitaban el supermercado Whole Foods para repartir ejemplares de limonada servidas en vasos diminutos a posibles clientes. Al cabo de un par de meses, las ventas triplicaron. Eric se quedaba en casa negociando con otros almacenes y convenciendo al banco a que esperara. Ellos pronto empezarían a pagar la hipoteca de la casa. Tenía fe que pronto nuevos clientes estarían golpeando a su puerta.

La nueva rutina de cada día de la familia Harr era más o menos la siguiente:

- Levantarse a las 6:30 A.M.
- Ducharse y vestirse

- Bajar a la cocina para preparar el desayuno. Turner leía el menú del día y sacaba de la nevera los ingredientes para la preparación de las tres comidas del día. Las carnes congeladas las metía en un tazón con agua para que se descongelaran. Lavaba las frutas del desayuno, las papas y los demás vegetales para la cena.
- Viviana mezclaba los ingredientes del desayuno; batía los huevos, o preparaba la masa para los panqueques, y exprimía las naranjas para el jugo.
- Alexandra alistaba los sartenes y cocinaba los alimentos previamente mezclados por Viviana. Ella vigilaba también para que nada se quemara.
- Al terminar, Eric lavaba la losa y Alexandra limpiaba la cocina.
- Eric pasaba el resto del día en su oficina promoviendo la limonada y mandando Tweets acerca del progreso del negocio, mientras los chicos instruídos por Alexandra, estudiaban. Además dos veces por semana iban a tomar lecciones de gimnasia y de natación.

Todos los demás quehaceres de la casa eran repartidos en cuatro partes iguales. La comida empezó a mejorarse y el canal de culinaria de los más famosos chefs del mundo, se volvió el programa favorito de Alexandra. De ahí sacaba las recetas para el menú familiar.

El encanto de mantenerse muy ocupado haciendo una labor de amor es que el tiempo transcurre como la brisa fresca del Norte de California. Tweeter, la famosa plataforma de redes sociales estaba por volverse pública. Richard William Costolo, su presidente, invitó a Viviana para que sonara la campana de la Bolsa de Valores de Nueva York. En medio de cientos de pantallas con el logotipo del pajarito azul y millones de números, Viviana dio el campanazo y el presidente de Tweeter brindó con una botella de limonada de *Haga un Cambio*.

Al día siguiente, los Harr regresaron a casa. Naturalmente, la familia estaba cansada, y qué mejor manera para descansar que ¿dando un paseo por el bosque? Viviana le propuso a Turner y él en segundos estuvo listo con sus pantalones de mezclilla rotos del año pasado, y con un fino suéter de cachemira de su papá el cual Alexandra había achicado al meterlo a la secadora. Mamá y papá descansaban en el sofá de la sala con el control de la televisión frente a ellos, mientras que Buddy agarraba su correa entre los dientes y batiendo la cola, se instaló en el medio de la puerta principal.

—No te preocupes que no iremos sin ti, Buddy, —, dijo Viviana metiendo en su maletín escolar tres bolsas de plástico con una lata abierta de comida para perros y un par de emparedados de pollo para ella y Turner.

—No corran niños,—, advirtió Alexandra,—porque ha llovido y hay lodo.—.

La Niña y el Papa

—De acuerdo, mami,—, respondió Viviana, y seguida por Turner, se apresuraron al bosque. La grama estaba reverdecida y se mezclaba con el musgo neón resbaloso y oloroso a té verde. Más adentro, el suelo estaba tapizado con la hojarasca de coníferas, del caduco caído, las sequoias, y los siempreverdes. Era fácil identificar las hojas pertenecientes a cada tipo de árbol por su tamaño y forma.

Las lagartijas saltaban encima de las raíces de los árboles y trepaban a aquellos asustadas al ver a los visitantes. La vertiente de un arroyo que corría le agregaba música a la orquesta de trinos de miles de pájaros. El rico aroma a tierra mojada y el mentolado olor a eucalipto, obligaban a respirar profúndamente y estirar los brazos a los lados simulando vuelo.

La venada Miranda atisbó a los chicos a varios pasos de ellos. Saltó lejos, y se ocultaba detrás de una masiva sequoia. Buddy alcanzó a verla y empezó a brincar a manera de un conejo en esteroides. Viviana maniobró la correa de Buddy más su fuerza era mayor y soltó carrera a dirección de Miranda. Mientras los chicos seguían a su mascota, apenas la corta cola de la venada se veía en la distancia. Los ladridos del perro se mezclaban con aullidos.

—¡Aquello que aulla no es Buddy!—, alertó Turner.

Viviana sintió el desplomamiento de su corazón a la barriga del susto. El sentido auditivo de su hermano era inequivocado.

—¡Buddy regresa!—, llamó Viviana. Los ojos empezaron a aguarse.

—¿Qué será lo que aulla?—, preguntó ella tomándo a Turner de la mano.

—No sé,—, Turner mintió para no asustar más a su hermana. Él sabía que se trataba de coyotes.

Los chicos seguían corriendo a dirección de los aullidos combinados ahora con los chillidos del perro.

—Oh no, ¡Buddy! ¡Buddy!—, gritaba Viviana aumentando su velocidad. Turner aguantaba su llanto para no preocuparla más. La perspiración emanaba de sus frentes y las manos de ambos estaban resbalosas de sudor.

Ahora Buddy corría disparado hacia ellos, seguidos por tres perros medianos. Viviana reconocío que se trataba de coyotes; perros salvajes que hambrientos comen todo tipo de animales e incluso niños. Las manos de Viviana asumieron la ligereza de alas de tominejo al tomar el maletín, bajar la cremallera, y sacar las tres bolsas con comida.

Los coyotes estaban de frente a ellos. Dos tenían pelaje gris y uno caoba. Las colas estaban gachas, el pelo erizo, y sus ojos pardos estaban fijos en ellos. Buddy se ubicó al frente de sus amos y agachó la cabeza; listo para lanzarse a los enemigos.

—¡AAAAAH!—, Viviana profirió un ensordecedor chillido y les arrojó a las tres fieras las bolsas de plástico, agarró la correa de Buddy, y se abalanzó al arroyo.

—¡No te sueltes, Turner!—, advirtió ella y volteó a mirar a los coyotes. Aquellos ya habían sacado todo el contenido de cada bolsa mientras devoraban y peleaban por la comida. Una vez cruzaron el arroyo, los coyotes subieron la mirada derecho a éste. Sus acciones estaban sincronizadas como si se tratara de un solo cuerpo. Viviana sabía que se preparaban para cruzar el angosto riachuelo para seguir con el plato fuerte. Ahora las miradas de las fieras estaban fijas en Turner.

—¡Me tendrán que comer a mí primero, diablos! —, gritó ella, —Apresurémonos!—. A unos pies estaba la reja de la propiedad de su vecino. Los coyotes habían aminorado la prisa. El agua parecía haberles aplacado. Los chicos llegaron a la verja de alambre de púas de la familia Gutiérrez. El señor Nelson Gutierrez alcanzó a escuchar los gritos de Viviana y se apresuró al alambrado mientras que ella levantaba a Turner por encima de la cerca mientras éste gritaba,—¡Yo puedo subir solo! Sube tú! —.

Los ojos de Nelson por poco se salen de las cuencas al topar la mirada con los coyotes. —¡Santo Dios! —, voceó, se agachó, y tomó una rama caída de eucalipto. Con ella sacó un brazo por el alambrado gritando, —¡Fuera de aquí! ¡Chu, chu! ¡Fuera de aquí!—.

Los coyotes se dispararon lejos. El vecino ayudó a levantar a Viviana por encima de la valla, y ella alzó a Buddy. El perro cooperó doblando las patas.

Incluso inmerso en estado de pánico él no dejaba de lado su sensatez… bueno, la abandonaba solo cuando quería imponer órden.

—¡Muchas gracias, señor!—, dijo Viviana hundiendo sus dientes en los labios en busca de piel levantada para halar.

—Niños, quiero saber, ¿por qué andan solos en el bosque?—, preguntó Nelson observándolos detenídamente, —Ustedes son hijos de Eric Harr, ¿cierto?—.

Turner se sintió inquieto de haber sido reconocidos ya que solo era cuestión de segundos para que sus padres se enteraran de lo sucedido y no volvieran a tener permiso de regresar al bosque.

—¡Por favor no le diga nada a nuestros padres! —, suplicó Turner. Su rostro estaba del color de un rábano; entre rojo y fucsia y salpicado de azul sobre su labio superior. Sudaba y el susto le hacía tiritar los dientes. Hoy había sido el único día divertido en mucho, mucho tiempo y la diversión podría ser arrebatada de él permanentemente si el vecino hablaba con sus padres.

Viviana encaró a Turner. Nelson tenía razón. Era peligroso andar solos en el bosque. No obstante, si sus padres se enteraran de lo sucedido ellos nunca podrían regresar solos allí. *Lástima, es mi sitio preferido después de Knotts Berry Farm, y siempre es una aventura explorarlo con Turner,* pensaba.

La Niña y el Papa

Cuánto quiso rogarle al vecino que guardara silencio, más no sería un buen ejemplo para su hermano quien siempre la veía como su modelo a seguir.

—Turner, el señor Gutierrez tiene razón. Es peligroso andar solos en el bosque.—.

—Ustedes saben que por responsabilidad es mi deber hablar con sus padres. Lo siento. —.

—Entiendo,—, dijo Viviana sonrojada, —haga lo que su corazón le indique.—. Era una frase casi igual a la que le trajera las mayores ventas de limonada. Posiblemente él no diría nada. Después de todo, parecía ser un hombre compasivo.

—De acuerdo, yo los llevaré de regreso a casa, —, dijo él tomándoles de las manos y deslizando la pulsera de la correa de Buddy en la muñeca.

—Gracias, pero eso no es necesario,—, insistió Viviana.

—Ah, ¡él nos va a meter en problemas!—, se quejó Turner.

—No lo creo,—, dijo Nelson, —conozco al papá de ustedes. Bueno, no personalmente, pero en entrevistas. Lo he seguido desde que ganara su primera carrera el 11 de Noviembre de 1993. Es un hombre sencillo, con un gran corazón, y lo que más ama en la vida es a su familia.—. Les miró. Juzgando por su comportamiento juguetón, Buddy se sentía a gusto con el vecino.

Claudia Carbonell

A cada paso Buddy se cruzaba frente a ellos, saltaba, y en dos ocasiones se paró en sus patas traseras y puso las delanteras sobre el pecho del señor Gutierrez. Su jardín era tan grande como el de ellos. En su acre de tierra, tenía algunas frutas de su país natal, Colombia, como plátanos y tomate de árbol; un fruto muy ácido, explicó él, pero delicioso para hacer jugo, y una variedad de frutas asiáticas como el zapote blanco, lichee, y mangostino.

Aunque sus árboles sólo producían unas cuantas de aquellas frutas exóticas del Oriente, valía la pena cuidar de sus árboles y abonarlos con esmero para disfrutar del postre natural más exquisito del planeta.

Señaló con orgullo esos árboles. El aspecto de ellos era tan apetitoso como un hueso de pollo sin carne.

—No dejen que la apariencia les engañe, —, les explicó, —y se los voy a probar,—, corrió a uno de los árboles desnudos donde varios pájaros estaban saltando sobre una ramita y revoloteaban a su alrededor.

—Lo siento muchachos,—, dijo él, y estirando su brazo justo en medio de la reunión de aves, agarró una fruta amarilla en forma de pera. Varios de la alada comitiva, entre ellos, el azulejo garganta azul y bajapalos pecho canela, le picotearon su mano.

—Es su fruta favorita, como es la mía. Éste es un zapote blanco y viene de Vietnam.—. Alcanzó un extremo de la cerca donde un rociador roto estaba chorreando agua y lavó la fruta.

La Niña y el Papa

Luego volvió con una amplia sonrisa y propuso, —Pruebenla y me dicen lo que piensan,—, concluyó entregándole el zapote a Viviana.

Ella se la pasó a Turner. Él no sabía qué hacer con ella. Tenía varios pequeños agujeros donde los pájaros habían insertado sus picos. Le clavó la uña de su dedo meñique para limpiar alrededor de los agujeros y mordió un pedazo. Buddy estaba babeando observando la fruta y se paró en sus patas laterales para darle un mejor vistazo.

—¡Sabe a caramelo!—, declaró Turner y acercó el zapote a la boca de Viviana. Éste se estaba derritiendo entre sus dedos. Ella tomó un pequeño bocado. Tenía el sabor de un aguacate maduro cubierto en néctar de agave.

—Umm, delicioso,—, afirmó ella.

—Se los dije,—, dijo Nelson.

Cuando no quedó nada de la fruta y las semillas planas fueron despojadas de toda pulpa, Turner le permitió a Buddy lamer su mano.

Una vez llegaron al frente de la casa de los Harr, y el vecino golpeó la puerta, Turner soltó la mano de Nelson y corrió a refugiarse detrás de una Catalpa. Buddy ladró y Eric abrió la puerta. Lloraba. —¡Hijos! —, farfulló.

—¡Lo siento, papá!—, gritó Viviana y le abrazó, —no volveremos a ir solos al bosque.—.

—Ay hijita, ¿dónde está Turner?—, preguntó, y entonces se percató del señor Gutierrez.

—Soy Eric,—, dijo secando sus lágrimas con la manga del brazo izquierdo y extendiendo la mano derecha a dirección del vecino, —mucho gusto.—. Nelson vaciló en estrecharle la mano a uno de sus atletas favoritos de todos los tiempos.

—Ven Turner,—, llamó Viviana, —¿Está todo bien? —, preguntó consternada de ver a su padre. Parecía feliz, pero, *¿por qué las lágrimas?* pensó. Ella lo había visto llorar algunas veces. Cuando más lo hizo fue el día en que nació Turner. Otras veces que le viera los ojos inundados de lágrimas había sido hacía tres años cuando su mamá ganó el premio a la mejor artista, el día en que Turner ganara el primer lugar en su academia de Taek Won Do, y en el momento de sentar mirada en las primeras botellas de limonada antes de éstas salir al mercado...

—¿Cómo está mami?—, ella preguntó.

—Ella está bien, ¡muy, muy bien! —.

Turner se acomodó al lado de su mascota. Aunque era raro cuando era regañado por su familia, Buddy como siempre, estaba listo para imponer orden.

Nelson finalmente le estrechó la mano a Eric. Lo hizo con ambas manos. —El gusto es mío,—, dijo sonriendo ampliamente. —Le felicito, tiene usted dos hijos encantadores, y un perro muy inteligente.—. Su acento Hispano era bastante marcado más sonaba como el alegre timbre de una campana.

La Niña y el Papa

—Es usted muy gentil. Muchas gracias, —, contestó Eric y por más que trataba de contener las lágrimas, aquellas se empecinaban en salir a borbotones como el rociador del jardín del vecino. —¡Mil disculpas, Nelson, es que acabo de recibir una noticia que me ha dejado, vaya; perplejo, e inmensamente feliz. —.

—Papi,—, insistió Viviana, —¿qué pasó? —.

—Princesa,—, susurró Eric, —El, el, ay no, no…—, las lágrimas seguían bañando su rostro.

Buddy empezó a ponerse tenso y se echó de patas arriba a los pies de Eric. Era urgente llamarle la atención al amo para ayudarle a calmarse.

Viviana y Turner le abrazaron. —Perdón Nelson y niños pero estas son lágrimas de dicha. Acabo de recibir una maravillosa noticia. Por favor Nelson, pase, pase, —, insistió él dirigiéndolo a la sala mientras arrastraba los pies para no pisar a su mascota que en ningún instante dejó de revolcarse sobre sus zapatos. —Alex, —, llamó, —por favor ven y atiende a nuestro vecino mientras yo tomo algo de la oficina. —. Alexandra se apresuró a la sala y se presentó. Eric se dirigió a la oficina.

Viviana observó detenídamente el rostro de su mamá. Lucía radiante y su sonrisa no podía ser más amplia.

—Vamos contigo, papi,—, propuso Viviana y corrió detrás de Eric con Turner casi pegado a sus calcañales. Sus corazones aún palpitaban fuertemente después del confrontamiento con los coyotes.

Eric puso sus dos manos sobre su fino escritorio de madera de palo de rosa, tomó una carta en sus temblorosas manos y empezó a leer pausando después de cada frase: *"Estimada familia Harr..,"* de ahí el cálido contenido del mensaje se convirtió en néctar para los oídos. Más al llegar al final, el corazón de Viviana por poco se estalla, y no era para menos pues aquel comunicado era una invitación personal del Papa Francisco para que ella y su familia asistieran a una conferencia de paz en el Vaticano. Tendría que dar un discurso.

Ella: Viviana Harr, invitada por el Papa para hablar sobre su misión de vida.

Vaya, su travesía estaba tomando forma de novela de ciencia ficción, empezando con el sueño imposible de la protagonista de terminar con la esclavitud infantil. ¿Cómo sería una historia sin villanos? Este cuento estuvo dotado de cuatro insufribles maleantes en forma de acosadores de su colegio quienes le hicieron a la heroína la vida miserable. La prueba la cual había calibrado su determinación fue reunir la suma de 150,000 dólares para liberar inicialmente a 500 esclavos. Casi haber perdido su casa, le había hecho reconocer a la protagonista, del compromiso de una familia unida luchando por un mismo ideal. El reconocimiento obtenido de los medios de comunicaciones y del público le mostró que muchos creían en ella.

La Niña y el Papa

Hoy estaba siendo invitada a la residencia privada del Papa Francisco, uno de sus héroes, para hablar ante el mundo entero. ¡Esto ni siquiera era posible en un cuento de hadas! Todos estos pensamientos pero en desórden, hacían palpitar su cabeza.

Después la mente obedeció a formular lo siguiente: *¿Que? Ella, quiero decir yo; Viviana Harr, ¡invitada por el Papa para hablar frente a él!* Repitió el pensamiento hasta sentir la cabeza a punto de estallar.

—Princesa,—, explicaba Eric, —hablarás delante de mandatarios de gobierno, de recipientes del Premio Nobel, científicos, miembros de las Naciones Unidas, y celebridades. Serás parte de cincuenta personas quienes luchan por mejorar el planeta y llevarán su mensaje a los oídos del Papa y del mundo entero. —.

Buddy se despepitó ladrando.

El color del rostro de Viviana cambió de rosado a azul y sus labios se tornaron tan blancos como el zapote que momentos antes había probado.

Estaba demasiado perpleja para responder a las preguntas insistentes de Turner: —¿Quién es el Papa, ¿qué es el Vaticano? ¿y por qué te ves tan rara?—.

Viviana poniendo su temblorosa mano en el pecho dijo, —¡Yo no podría hablar delante de tan importante público!—. Quiso decir que le faltaba la facultad de expresarse elocuentemente y carecía de la inteligencia de los demás 49 prominentes integrantes a la conferencia. ¡Conferencia que sería vista por el mundo entero! Además ella era solo una niña, una niña. Las palabras de su mamá y las voces burlonas de los acosadores del colegio retumbaban en sus oídos. La oficina empezó a girar y el piso a abombarse. Con ambas manos se sujetó del borde del escritorio.

—¡Yo no puedo hablar frente al Papa!—, una vez más aseguró.

—¿Qué quién es el Papa?—, insistió Turner pateando el piso.

Mientras Eric le explicaba a su hijo quién era el supremo pastor de la Iglesia Católica, el corazón de Viviana ya no palpitaba sino pataleaba deseoso de escaparse a lo más recóndito del bosque para dejar ya su función. Era un reto seguir bombeando sangre a todo el organismo mientras el sistema nervioso estaba revolcándose como niño rabioso.

—Este es un gran honor, hijita, —, insistía Eric, —imagínate, tener la oportunidad de hablar ante el Sumo Pontífice quien hará llegar tu mensaje a todo el mundo. —.

—Eric, Eric, —, Alexandra llamó. Él salió apresurado.

—Qué vergüenza, el vecino se fue y tú no le hablaste. ¿Cuál fue la demora? —.

Viviana apenas podía escuchar las palabras de su mamá. Se sentó en la silla giratoria de su papá.

La Niña y el Papa

El recinto rotaba a mano derecha entonces ella se puso a dar vueltas al lado opuesto para neutralizar el mareo que le estaba ocasionando nauseas.

Claudia Carbonell

Rocas apiladas. Era la perpetua visión de los niños esclavos de la propiedad de quien se llamaba a sí mismo, *hombre de Dios*. Cada día, desde el amanecer hasta la salida de la luna, los niños tomaban rocas, las acomodaban a sus espaldas, bajaban la pendiente colina y las instalaban al lado de la camioneta, para finalmente depositarlas en la caja de carga del vehículo.

Esta madrugada llegó un hombre conduciendo un camión tan gris como el día. Llovía y Devang les exigió a los niños que se pusieran contra la pared del reclutamiento.

—Estos son mis chicos,—, fueron las palabras de Devang que perforaron los oídos de Aatish. —Escoja a tres que pronto regresaré a la aldea de donde los recogí para reponerlos.

Cúanto hubieran deseado los niños poder convertirse en pigargo y volar a la aldea para graznarle a los aldeanos que no se dejaran engañar una vez más.

La Niña y el Papa

El hombre tenía mucho parecido con Devang; enormes ojos saltones realzados con un malvado brillo en el centro y bordeados de ojeras renegridas. Vestían idénticos atavíos blancos. En ellos no había una mancha. Ostentaban barrigas grandes y terminadas en punta las cuales contrastaban a las planas de los niños.

Ya los esclavos tenían el amarradijo en las espaldas para meter las losas de roca y las bandas sobre las cabezas que les ayudaban a aguantar el peso. El tipo observaba a cada uno de los chicos de pies a cabeza. Todos tenían los cuellos hundidos como si ya estuvieran cargando rocas, los hombros caídos, y las miradas fijas en el suelo.

—Todos se ven débiles,—, aseguró el desconocido, desfilando de un extremo al otro de la línea. Se devolvió y le apretó el brazo a cada uno de ellos para determinar si había algo de musculatura. También les examinó las pantorrillas y espaldas. En ambas sintió la masa de músculo producido por los cientos de veces que bajaban y subían el monte con la pesada roca en las espaldas.

—Me llevo estos dos,—, dijo tocando a Dipak y Daman. Eran hermanos. Los observó detenídamente, achicó los ojos y agregó, —Um, pensándolo bien, solo me llevo a éste,—, y haló a Dipak fuera del grupo. Daman aulló desconsolado.

—¡Haga silencio!—, gritó Devang desabrochando la correa.

—¿Cuanto me vas a cobrar por él, hermano? —, preguntó el hombre.

—En el mercado están a docientos, pero por ser tú, te lo dejo en cien dólares, ah, pero con una condición; en tu próximo viaje a las aldeas, traedme unas cuatro kamalari de siete a nueve años. Esta aldea necesita de unas cuantas niñitas para que me cuiden.—. El hombre se rió, sacó una billetera del bolsillo trasero y le pasó a Devang dos billetes de cincuenta.

Daman tomó la banda de la cabeza y con ella secó sus lágrimas. Frunció el ceño y le fijó una larga mirada a su hermano con el empeño de retener su imágen con él para siempre. Entretanto, el comprador de esclavos, empujaba su adquisición a su vehículo.

La venta del niño había interrumpido el escaso desayuno de los chicos que consistía de Del Bhat; arroz y lentejas sin condimentos. Los niños lo preparaban afuera en una fogata. Devang mantenía dos costales llenos con estos dos granos en el interior del reclutamiento donde los esclavos dormían y de ahí salía el menú diario.

De un profundo aljibe los chicos sacaban agua dentro de un balde y con ella se bañaban y bebían. El agua tenía un ligero sabor a sal y les producía sed. Aatish se imaginaba que era el sudor de todos ellos enterrado en las profundidades de aquella montaña de muerte.

Al atardecer, Ballabh ya no aguantaba la losa en su espalda. Poco a poco, peldaño por peldaño, subió cuesta arriba hasta llegar a la cima donde le esperaba la interminable fila de bloques de piedra que debía bajar a la zona donde estaba estacionada la camioneta del amo.

La Niña y el Papa

Al lado del mismo sitio donde dormían cada noche lejos de la abuela y de mamá. Junto a la fogata de leña y rocas donde dos veces al día comían lentejas y arroz. Extrañaba tanto su aldea al punto de pensar estar enloqueciendo. Cada recuerdo le traía un punzante dolor desde la punta de sus lacerados dedos de los pies a la cabeza. Era inaguantable pensar en los juegos con Aatish, y sobretodo, en los mimos de las dos mamis.

Se detuvo jadeante ante el último escalón hecho de la misma losa de piedra que cargaba a diario, y escurrió la mirada. Cuán distinto el panorama era al de su aldea con las enormes cascadas de agua, el entapetado de nubes, y la vista a las casas de las zonas inferiores. La suya ofrecía la mejor vista. Coronaba la montaña; tocaba el cielo.

No podía dar un paso más. Las peligrosas lágrimas rodaban por las mejillas y el viento las lanzaba al abismo. Se retiró de las gradas para permitirles a los demás niños bajar la carga de piedras.

—Póngase a trabajar o el amo lo matará a golpes, —, susurró Daman. Su mirada se había tornado turbia, como si la luz de sus ojos se hubiera apagado. Dos arrugas en forma de cruz se habían formado en la frente, encima del nacimiento de la naríz.

En ese instante, de detrás de una pila de roca, un destello púrpura con visos azules y magenta, se dio a la fuga. Era un monal colirrojo. Levantó su cresta esmeralda y le clavó una mirada penetrante a Aatish. Se lanzó al precipicio corriendo y casi a mitad de la montaña, tomó vuelo.

Había muchos monales en su aldea. Los aldeanos sospechaban que el residuo de uno de ellos había sido el causante de la muerte de su papá.

El monal aterrizó sobre un coche que se estacionaba al lado de la camioneta del amo. Al parecer, una mujer de larga y resplandeciente cabellera rubia salía del vehículo, seguida por tres hombres. Habló brevemente con Devang, le ofreció su mano, se dirigió a los pies de la montaña, y empezó a escalar. Aatish se acercó a Ballabh.

—¿A ti también te arden los pies?—, preguntó. Ellos siempre ardían, más hoy sentían doble dolor, ardor, y picadas.

—Sí, —, contestó él. Los dos llevaban puestos los enormes zapatos del abuelo. Pesaban casi como un ladrillo y tenían que luchar doble para subir los pies y al bajarlos, los zapatos lo hacían bruscamente, como si tuvieran vida propia. Repetidas veces estuvieron a punto de perder el equilibrio y milagrosamente se salvaron de rodar al precipicio.

De pronto no sería mala idea lanzarse y terminar con el dolor del cuerpo y principalmente, del alma, pensaba Aatish manteniendo su mirada en el monal.

La señora visitante ya pisaba la cumbre de la montaña. Aatish puso un brazo sobre el hombro de Ballabh. En mejores tiempos él lo habría apretado fuerte pero hoy Aatish apenas roció los hombros de su hermano con el brazo. Aquellos ardían tanto como los pies.

La Niña y el Papa

—No toques mis hombros que me arden,—, se quejó Ballabh. La vida les dolía. Pesaba como las rocas. Aatish le tomó de la mano. Estaba dispuesto a saltar al despeñadero si acaso la mujer fuera una compradora de esclavos y quisiera llevarse uno de ellos. Ellos no podían separarse jamás. Ahora solo se tenían el uno al otro.

La mujer se detuvo detrás de ellos.

Clic, clic, escucharon a sus espaldas.

Los dos voltearon a mirarla. Les tomaba fotos. Al bajar el foco de la gran cámara, los hermanos quedaron perplejos ante su belleza angelical, sus brillantes ojos azules, y su dulce sonrisa. Ella les dijo, —Gracias chicos. Me llamo Lisa Kristine; les prometo que estas fotos darán la vuelta al mundo. A través de ellas ustedes contarán su historia al mundo entero. —.

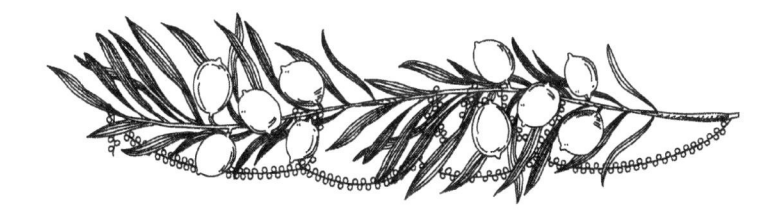

𝒱iviana hoy había sacado su puesto de limonada en la esquina que cruzaba con la calle de su casa y la principal: la Avenida Milliken. En un par de horas habría un desfile de autos antiguos en esa avenida, lo cual atraería a una multitud de gente. Al lado del estante, Viviana había colocado un pizarrón donde anunciaba la venta de limonada en letras color rosa.

Entretanto, preparaba el discurso que daría en la conferencia de paz frente al Papa. A sus pies había una pila de papeles enrrollados dentro de una papelera debajo del tenderete de limonada. Había engrapado una antigua cortina por toda la orilla alrededor del mismo para cubrir la papelera, sus libros escolares, y algunos juguetes de su hermano.

Turner con la cabeza anidada dentro de sus brazos lucía abatido.

La Niña y el Papa

Buddy se mantenía alerto a los ojos de Viviana para secarlos con su lengua cada vez que brotaban lágrimas. Éstas escurrían por su rostro cuando no encontraba las palabras perfectas para el discurso.

¡Uuuf! ladró Buddy. Tres personas corrían calle abajo. Buddy se lanzó a investigar. Era una mujer y dos chicos.

—¡Buddy, regresa!—, gritó Viviana mirando a cada lado de la calle antes de cruzarla, pues su perro ya estaba al lado de aquellas personas ladrándoles.

—Turner en un salto estuvo al lado de Viviana. Si ella cruzaba la calle, lo haría con él. —Son los acosadores, Franco y Rebeca,—, aseguró Turner.

—Cierto, son ellos,—, concluyó Viviana y agarrada de la mano de su hermano, corrió detrás de ellos llamando a su mascota. La señora se detuvo jadeando y sosteniéndose de un poste de luz.

—Disculpe señora,—, dijo Viviana, —¿le puedo ayudar en algo? —.

Franco lloraba mientras Rebeca clavaba su mirada al suelo con el ceño fruncido. Los tres sudaban y se veían exhaustos.

—Inmigración nos está siguiendo. ¡Ya detuvieron a mi esposo!—, afirmó la señora tomando su cabeza con ambas manos.

—¡Síganme al estante!—, propuso Viviana agarrando la correa de Buddy con una mano, y apretando la muñeca de Turner con la otra.

Una vez al frente del kiosko ordenó, —De prisa, métanse debajo,—, levantando la cortina. —Turner, muestrate calmado en todo momento, y Buddy; tranquilo. Échate a mi lado y no metas el hocico debajo del estante, ¿entendido?—.

Chillando él obedeció las órdenes de Viviana, no obstante, cada vez que escuchaba gimotear a los desconocidos debajo, él introducía la naríz para olfatear y Turner fijó una permanente sonrisa mostrando sus dientes.

Un Volvo negro S90, dobló la calle y despacio se acercó a ellos.

—Son ellos, Turner, muestrate muy casual,—, ordenó Viviana.

—Lo estoy,— contestó él desparramando más la boca.

A pesar que las ventanas del vehículo eran bastante oscuras, se apreciaban las siluetas de tres hombres: el conductor, el pasajero sentado en la silla de adelante, y uno atrás. *El señor de atrás debe ser el papá de Rebeca y Franco,* pensó Viviana.

—Buen día niños,—, saludó el caballero sentado en la silla del lado del chófer, bajando la ventanilla a la mitad. Llevaba puestas unas gafas negras protectoras de sol. El conductor llevaba puestas otras iguales. —¿Están preparándose para el desfile? —, inquirió echándole un vistazo a la jarra de limonada.

La Niña y el Papa

—Si señor,—, respondió Viviana, —lo hacemos para una causa: liberar a los niños esclavos del mundo. —.

—Muy bien,—, susurró él y bajó los lentes a mitad de nariz y le sostuvo la mirada por unos segundos. —Nosotros estamos buscando a una señora y a dos chicos: una niña y un niño. ¿Los vieron corriendo por esta calle?—, preguntó ojeando la Calle Armonía.

—No señor, —, respondió Viviana echándole un vistazo al pasajero de atrás a través de la ventana abierta. Él lloraba y besaba una cruz colgada alrededor de su cuello.

—Gracias, —, dijo. El carro se movió unas pulgadas y el caballero de adelante detuvo la mirada en la calle Armonía. Entretanto, Viviana había quedado de frente al pasajero de atrás, entonces tomó la tiza y escribió en el tablero lo siguiente:

Elos estan pien·

Lo hizo en Español y sabía que no lo había escrito correctamente, más juzgando por la sonrisa del señor, sabía que había entendido. Ella le mostró sus dos pulgares arriba. Turner hizo lo mismo y entonces, el coche dio la vuelta en U, y se alejó.

—Ya se fueron,—, gritó Viviana levantando la cortina del puesto.

—Ay, estoy que me desmayo,—, se quejó la señora gateando afuera del estante seguida por los chicos.

—Su esposo sabe que ustedes están bien, se lo escribí en el pizarrón y él lo vio.—.

—Gracias niña,—, agradeció la señora llorando.

—Sus hijos estudian con nosotros,—, dijo Viviana.

Los ojos de Turner por poco se salen y les miró agraviado.

—¿Quieren quedarse en mi casa un rato?—, preguntó ella.

Buddy pareció haber entendido la propuesta de Viviana, y se dio a la tarea de examinarlos para asegurarse cuán confiables podrían ser los desconocidos. Les olfateó los pies empecinadamente, insistiendo más en los niños, y parecía que se contenía para evitar morderles.

—Ay no niña, es usted muy gentil pero no quiero ser un inconveniente.—.

Buddy le propinó latigazos con la cola a las piernas de la mamá de los chicos en son de aprobación.

En ningún momento Franco y Rebeca levantaron la mirada. Sus rostros estaban más encendidos que las letras del tablero.

La Niña y el Papa

—No es ningún problema. Les voy a explicar a mis papás lo ocurrido y papi los llevará de regreso a casa. Pero antes, ¿quieren un vaso de limonada? —.

—Sí, gracias,—, la señora respondió y los tres bebiendo limonada a grandes sorbos, siguieron a los hermanos Harr a su casa.

𝒫edazos de montaña, rocas, y montones de punzantes ramas de pinos, bloqueaban la carretera que conducía a Gahate. La aldea estaba reducida a cúmulos de ladrillos, rocas, y tejas despedazadas. Las pocas gallinas que todavía sus dueños no habían matado para su sustento, rebuscaban por algo comible debajo de las casas derrumbadas. El arqueado poste eléctrico con sus escurridos cables, amenazaba a decapitar a cuanto caminante se atreviera a cruzarse.

Devastación. Muerte. Desaparición de gente amable. La Fundación de Raju Lama se había hecho presente llevando alimento, carpas, ropa, y algo de dinero a las víctimas del terremoto del 15 de abril del 2015.

A diez horas en carretera, en la aldea secreta donde Devang tenía sus esclavos, ellos todavía no se reponían del terror del terremoto el cual los había sacudido fuerte aunque con menos intensidad que en Gahate.

La Niña y el Papa

—Aatish, si cierras los ojos muy fuerte y piensas en nuestra aldea, la recordarás como si la tuvieras frente a ti,—, propuso Ballabh quien luchaba contra su cansancio y dolor en el cuerpo para no quedarse dormido.

—Tú y tu tonto deseo de soñar despierto, ya, quédate dormido que mañana es otro día de trabajo duro—.

—Me gusta estar despierto y pensar en las mamis. ¿Recuerdas cuando jugábamos en el arroyuelo? —. Ballabh apretaba tanto sus ojos que los recuerdos se salpicaban de estrellas producto de su gran esfuerzo de darles vida física. —La abucla sicmpre nos llevaba caldo. Era tan sabroso. Um, me encantaba el aroma a cilantro y cebolla.—.

—¡Ja, ja, ja!—, Aatish se rió, —la abuela le agregaba a la olla del caldo piedras del río. Decía que las rocas...

—...estaban llenas de minerales acumulados de miles de años lo cual ayudaban a la salud y a dar buen sabor a las comidas,—, terminaron la frase al unísono. La habían escuchado tantas veces.

—¿Recuerdas el puente movedizo encima del río Indrawati?—, preguntó Ballabh.

—¿Cómo olvidarlo? Tu siempre saltabas sobre el puente y una vez venciste una tabla. Me horrORicé, pensé que pararíamos en el río.—.

136

—Ay sí, pero es que esos monos empezaron a chillar en la copa de aquel árbol y me hicieron dar tanta alegría. —.

—Ballabh, *todo* nos ocasionaba alegría. ¿Recuerdas? Han pasado tres años...—.

Se abrazaron. Daman escuchaba. Extrañaba tanto a su hermano quien había sido comprado recientemente por el comerciante de esclavos. También echaba de menos a sus padres, a la aldea con sus aromas a eucalipto, a los alrededores de pinos, cascadas de agua, cultivos de girasoles, impregnado a paz, y belleza.

—Sigan recordando,—, exigió él.

Ya los recuerdos los había consumido el llanto.

La Niña y el Papa

*V*iviana hoy estaba en el salón de belleza. Tenía escrito el discurso que leería frente al Papa. Escribirlo había sido la experiencia mas frustrante de toda su vida, además de la más larga, pues le había tomado seis terribles meses, entre estudio, trabajo, y entrevistas. Mientras esperaba su turno, lo leía y releía. Quería memorizarlo. Al día siguiente, viajaría con su familia al Vaticano al Congreso de la Paz.

¿Cómo rayos voy a poder hablar delante de tanta gente ilustre? se preguntaba hasta ver luces.

—Viviana Harr, ya puede pasar,—, llamó una de las chicas detrás de un lujoso mostrador de vidrio. En exhibición había brazaletes, relojes, collares, y aretes de perlas que tenían a Viviana bizca de tanto contemplarlos.

Ella se puso de pie y siguió a la jóven. Hubiera deseado haber sido acompañada por Turner pero en este momento Eric lo estaba acompañando al baño.

—¿Voy contigo, princesa?—, preguntó Alexandra colocando sobre la mesa de centro la revista People.

—No es necesario, mami.—. Ella quería de una vez por todas demostrarles a sus padres que era innecesario ser tan sobreprotegida por ellos. Desde hacía diez meses había cumplido los doce años. El 23 de diciembre, en solo sesenta días, sería una adolescente. Claramente ya no era una niña chiquita.

Una vez Viviana estaba sentada insistió,—Por favor córteme sólo las puntas ya que tengo orquilla, ah sí, y un poco el flequillo.—.

—Por supuesto, señorita,—, dijo la chica. —Primero voy a lavarte el cabello y después te aplicaré un acondicionador para repararte todo daño.—. Aquello tenía el aroma a un bouquet de flores. La chica aplicaba el reparador milagroso, y con sus sedosos dedos le masageaba el cuero cabelludo y lo extendía a las puntas. Viviana terminó quitándose las gafas y de repente, no supo de más.

—Ya estás lista, señorita, (se lo dijo en Francés: mademoiselle).—.

—Oh, gracias,—, contestó Viviana tomando las gafas y se miró en el espejo. La chica le había atado el cabello hacia atrás. Se despidió de las demás estilistas, y llegó a la sala de espera donde estaba su familia.

—¡Ah!—, de su boca exageradamente abierta, a Alexandra se le escapó un grito al verla. —¿Lo quisiste así de corto?—.

La Niña y el Papa

—¿Cómo corto?—, protestó ella y deslizó una mano por su pelo. ¡Terminaba en la nuca a cambio de los hombros!

—¡Nooo!—, se despepitó horrorizada, —¡No puede ser! ¡Mi pelo! Ahora, ¿qué voy a hacer?—, llorando salió corriendo. Turner la siguió.

—Pequeña, ¡espera!—, llamó Eric y se apresuró tras ella. —Te ves hermosa con tu pelo corto. Te lo juro.—.

Ella por supuesto, no le creía. Nunca había tenido el pelo tan corto. Su cabellera en cuatro años había crecido y mejorado mucho. Era lo único lindo en ella. Ahora la habían motilado. Se sentía como si hubiera perdido un dedo de la mano, o peor aún, la misma mano. Detrás del cabello ella muchas veces escondía el rostro. Ahora, ¿cómo lo haría? Por el vidrio del salón de horrores, veía a su mamá discutiendo con la estilista. La chica del mostrador sacó un collar de perlas y lo guardó en una caja y se lo pasó a Alexandra. Ella salió rápido a la calle a reunirse con ellos.

—Mira princesa, el salón te recompensa por no estar satisfecha con tu corte de pelo con un hermoso collar de perlas,—, dijo entregándole la caja.

—Lo quiero ver, —, exigió Turner. Viviana le pasó el estuche y se detuvo frente a su mamá.

—Por favor, compremos una peluca.—.

—¡No! Estás hermosa,—, sus padres y Turner le daban cumplidos mientras ella lloraba y suplicaba que compraran un postizo de pelo largo para el viaje.

Al regresar a casa, Rebeca, Franco, y Amanda; la mamá de ellos, le dijeron cuán bien lucía además de mayor. Desde la deportación del papá ahora ellos vivían en casa de los Harr.

A diario se comunicaban con él y estaban planeando su retorno más no sabían cuánto tiempo demoraría. Él jamás cruzaría la frontera. Tenía un abogado a quién le pagaba mucho dinero porque era injusto no tener a su familia. Él y su esposa habían entrado legalmente al país, sus hijos nacieron en los Estados Unidos, pero el nuevo presidente parecía no importarle separar a las familias y ahora incluso estaba proponiendo construir un muro para evitar la entrada de gente indocumentada desde Mexico, al país.

Una noche no pudo haber sido más larga. Viviana no hizo más que mirarse al espejo, renegar de su corte de pelo, y aterrorizarse de pensar en el discurso. A la mañana siguiente, sus oscuras ojeras delataban su insomnio.

—Que te vaya bien,—, dijo Rebeca.

—Buena suerte,—, le deseó Franco.

Se abrazaron. —Tengo tanto miedo,—, admitió Viviana, —ojalá no haga el ridículo.—.

—No lo haras. Vas a estar bien,—, aseguró Rebeca.

La Niña y el Papa

—Feliz viaje y que Dios esté siempre con ustedes,—, les deseó Amanda. —Gracias por su hospitalidad. No puedo creer que nos quedaremos en esta mansión. Ustedes son unos ángeles.—.

—Mi casa es su casa, no lo olviden,—, dijo Eric. Se sentía muy agradecido de sus hijos por ser buenos amigos de Viviana. Ella nunca reveló nada referente a los errores del pasado, y le pidio a Turner y a sus amigas, que guardaran silencio al respecto.

—Los voy a extrañar,—, dijo Viviana.

—Yo voy a echar de menos solo a Buddy,—, le susurró Turner al oído de su hermana.

El vuelo tomó trece horas. Viviana durmió esporádicamente durante las raras ocasiones en que el avión dejaba de estrujarse. De todos los viajes, este fue el más lleno de turbulencia. El aterrizaje fue igual de aterrorizante. El corazón se le salía. Ya pisaba el suelo Romano. En 31 minutos entraría a la ciudad del Vaticano y conocería al Papa Francisco. Uno de sus héroes, quien escucharía su discurso frente a 49 personas de gran importancia.

Sus hombros le pesaban. Apresurándose para mantenerse a la par de sus padres mientras pasaban el Terminal B del aeropuerto Da Vinci hasta llegar a la sala de recogida del equipaje, el piso empezó a abombarse de nuevo. Se detuvo. Debía respirar. Tantas veces se le olvidaba hacerlo. Sus padres le hablaban, más ella no entendía. Eric la cargó, y Alexandra tomó a Turner en sus brazos y siguieron marcha.

142

Una vez entraron al corazón de Roma, repentínamente el nudo que cargaba Viviana en el vientre, se deshizo. Estaba extasiada de la imponencia de la ciudad, empezando por las calles hechas de piedra color gris oscuro, como el cielo nublado. Habían tantas fuentes, estatuas e inmensas calles, como la Via della Conciliazione coronada con la cúpula de la Basílica la cual les condujo a la de San Pedro y finalmente, a la ciudad del Vaticano.

Llegando al Vaticano, Turner sintió mucha sed. Viviana estaba tan absorta en sus pensamientos que no había sentido la boca seca hasta que Turner se quejó de ello. El taxi sugirió detenerse al frente de la Plaza de San Pedro, la Piazza Pio XII. En el medio de un enorme cuadro de piso de piedra gris y enmarcado con enormes columnas, el taxista les señaló una fabulosa fuente y propuso, —Vayan, pueden beber de ella.—. El señor era de la ciudad de Nueva York, hablaba Inglés de modo que no era posible equivocarse de su aseveración.

—Pero, el agua de una fuente no se puede beber, —, objetó Viviana. Ella bien sabía que el agua debe ser filtrada para poder beberla. El agua de la limonada que ella preparaba salía de frascos de cinco galones instalados en un dispensador con grifo.

Estamos en Roma, donde el agua se puede tomar de casi toda fuente.—.

Antes de Viviana aceptar su sugerencia le preguntó cuánto hacía que vivía en Roma y que le explicara cómo era el proceso de filtro de la ciudad.

La Niña y el Papa

—El agua está perfectamente filtrada y fluye diréctamente del acueducto.—. Turner estaba impaciente y deseaba abrir la puerta del carro para correr a la pila.

—De acuerdo, vamos,—, Viviana se había convencido.

—Espérenos por favor,—, pidió Eric y abrió la puerta. Tomó la mano de Alexandra seguida por los chicos quienes se lanzaron a la gran pileta. A manotadas tomaron de ella. Viviana nunca antes había bebido agua con sus manos. Siempre lo había hecho en vasos. El agua era helada, ¡y tan refrescante! Viviana recordó la piscina de su YMCA, donde practicaba la natación. Durante el verano era un deleite refrescarse nadando hacia atrás mirando al cielo, estirando todo el cuerpo sintiéndose plena lo cual para ella era la misma definición de la libertad.

Al lado de la Basílica se erguía la residencia privada del Papa: Domus Sanctae Marthae. Papa Francisco rehusó vivir en el Palacio Apostólico y prefirió la casa de huéspedes para tener mejor contacto con los sacerdotes, obispos quienes trabajan en el Vaticano, así como con los invitados a las conferencias y reuniones como la Asamblea de la Paz donde Viviana estaba por participar.

El magnífico edificio de tonos alabastro y marfil acentuado por cientos de ventanas, contrastaba con el colorido traje de los dos guardas parados a cada lado de la ancha puerta.

Turner soltó una carcajada al ver el atuendo de los guardias. No podía imaginarse que semejante vestimenta no fuera un disfraz para Halloween. Viviana se enrojeció pensando que de pronto los guardias pudieron haber escuchado la indiscreción de Turner, y le explicó del orígen del uniforme de los guardias de rayas doradas y azul real con gorra roja, había sido diseñado en el año 1506 y poco se había alterado.

Eric le apretó la mano a su hijo y le pidió que guardara silencio. Turner no entendía por qué se preocupaban de sus preguntas. Él sólo quería saber por qué rayos estando vestidos tan gracioso podían lucir así de serios.

Una vez los guardias abrieron la puerta, a los chicos se les escapó un grito ahogado. Parecía la entrada al cielo. Los níveos pisos de marbol realzados con franjas grises en forma hexagonal suplicaban ser transitados resbalándose. Otros dos guardias tomaron las maletas y les llevó a sus habitaciones. Una con dos camas anchas sería para Turner y sus padres mientras que Viviana tendría ¡su propia suite!

Entre tanto que sus padres y hermano se acomodaban, ella saltó a su cama y quedó tendida. En este instante dejó de pensar en su discurso y se detuvo a contemplar los sencillos alrededores. Las paredes estaban pintadas de blanco. Había una cama angosta, y al lado, una mesita de noche de madera de cedro con una Biblia encima. El único adorno era un crucifijo en la pared tambien de madera arriba de la cama, el cual le recordaba dónde estaba y la misión que tenía de ayudar a aquellos quienes cargaban las más pesadas cruces en las espaldas.

Turner no tenía tiempo para protestar por no tener su propia habitación. Tenía algo más urgente para hacer. Le picaban los pies, o más bien los zapatos ¡querían salir disparados! Se descalzó. Llevaba puestas sus medias blancas de algodón. Tocó a la puerta de Viviana y la invitó afuera.

A cada lado de los pasillos había una fila de guardias. Sus mirabas se mantenían fijas en la pared directamente al frente de ellos. Parecían hipnotizados. Turner se acuclilló y se retiró de la habitación de Viviana tan callado como los brincos de un conejo. Una vez estuvo a varios pasos retirado del guardia de la suite de su hermana, tomó impulso y se deslizó por el pasillo. Continuó deslizándose e imaginándose que estaba en una pista de patinaje sobre el hielo. Al llegar al final del pasillo, se regresó patinando. Notó que los guardias no se percataban de sus hazañas pues ellos mantenían sus miradas fijas e inexpresivas al frente.

Viviana al lado de su cuarto vigilaba a cada lado angustiada y se acercó al centinela al lado de su suite y le pasó la mano frente a su rostro. Era obvio que no se percataba más que de la pared al frente de él, lo cual la motivó a quitarse los zapatos. También llevaba puestas medias las cuales le rogaban que se les diera un mejor uso, y su cerebro le imploraba por distracción. Con una sonrisa amplia, acompañó a Turner en la pista. Tomados de las manos se lanzaron a dirección de sus habitaciones.

De repente, sin ninguna advertencia, como ocurre con los peores desastres que afligen a la humanidad, y justo frente a la alcoba de ella, una puerta se abrió de par en par y nadie menos que el mismísimo Papa Francisco, escoltado por cuatro guardias, salían de ella. Viviana y Turner aterrizaron a sus pies. Al levantar sus desorbitados ojos, Viviana vio la mano derecha de su héroe, extendiéndose a ella. Viviana recordó el protocolo de saludo al Santo Pontífice. Acercó su boca reseca y besó el anillo de su dedo anular.

El Papa soltó a reirse y voceó, —¡Ese saludo es inaceptable! Así se hace,—, y se agachó y estrechó a los chicos en un fuerte abrazo.

La Niña y el Papa

*E*n una aldea secreta de Nepal, cada esclavo depositaba los cúmulos de piedras que habían bajado de la montaña ese día. Del hombro izquierdo de Ballabh le estaba drenando agua sangre, no obstante, él no se quejaba. Sabía que si lo hacía había la posibilidad de que Devang lo vendería para traer a otro mejor esclavo en su reemplazo. Tampoco podía preguntar el nombre de la aldea dónde estaban – de hecho; nadie se atrevía, ni mucho menos se podía preguntar cúando regresarían a casa. El amo ya se había desecho de cuatro de ellos, incluyendo de Daman quien subió a la camioneta de su nuevo amo llorando emocionado de pensar que de pronto se reuniría con su hermano.

Devang había comprado siete esclavos de un señor quien se jactaba de haber conseguido sus cautivos en aldeas donde la gente había crecido en la esclavitud por varias generaciones.

—Por lo tanto,—, aseveraba el señor, —estos niños "programados," son mejores que los camellos por tener la facultad de entender órdenes. Nunca se quejan, ni se lastiman, ni mucho menos se agotan. Lo mejor de todo es que jamás tuvieron contacto con sus familiares, ni conocieron un juguete. Por tanto, su única recreación es el trabajo y obedecer al amo.—.

A Aatish le saltó la sangre a las mejillas al escuchar aquello, mientras que Ballabh se esforzó a seguir el modo de trabajar de los niños "programados," más era imposible. Ellos eran el doble de rápidos, hábiles, y fuertes. Sus rostros no tenían expresión alguna, no hablaban, ni cruzaban mirada con nadie. Parecían robots a cambio de humanos. Lo único que tenían de niño era la estatura. De resto: sus movimientos, ausencia de gestos, grandes jorobas, y las comisuras bajas de sus labios, pertenecían a una raza de humanoides.

Aatish inconscientemente también deseaba estar a la par de los nuevos esclavos. Era impredecible la manera en que su amo quisiera deshacerse de ellos. ¿Los vendería? ¿los mataría? Peor aún; ¿lo separaría de su hermano?

Devang los vigilaba en todo momento y les gritaba, —¡Esclavos inútiles! ¡muevanse flojos! Aprendan del nuevo grupo. ¡Ellos sí rinden!—.

Las pocas veces que podían respirar profúndamente era cada vez que el artilugio hablador del amo sonaba y él le hablaba. De tal manera podían darse más tiempo para respirar y tomar unos segundos extra para levantar la siguiente losa de piedra. Al llegar la noche las plantas de los pies les ardían como si estuvieran caminando sobre fuego.

La Niña y el Papa

Aatish tenía dos callos rotos en las suelas de su pie derecho por donde le salía sangre y cada paso que daba era torturante. Los hombros de Ballabh a diario sangraban.

Desde la llegada de los nuevos esclavos, la rutina de las noches había cambiado. En ves de recordar y hablar de la aldea y de sus mamis, ahora pasaban sus escasas cinco horas de sueño acostados boca abajo ideándose la manera de complacer al amo.

—Aatish,—, empezó Ballabh a explicar, —pienso que dejando de reirnos se nos volverán las caras serias e inexpresivas como las de los nuevos esclavos, y de esta manera, vamos a rendir más y podremos complacer al amo.—.

Aatish quedó perplejo. No por el consejo sino por motivo de caer en cuenta de que por meses no se habían reído. No había razón para ello.

—Ballabh, ¿acaso no te has dado cuenta que hace ya mucho tiempo dejamos de reirnos?—.

—No es cierto, mientras trabajo yo me río,—, aseguró él, —lo hago mientras... mientras…—.

—Sueñas despierto.—.

—Sí, —, respondió Ballabh, —cada vez que recuerdo nuestra aldea. Me concentro mucho en los recuerdos para olvidar esta vida.—.

—Me pregunto si alguna vez volveremos a ser felices.—.

—Sshh, cállense, —, se quejó uno de los niños nuevos. Los esclavos recién llegados no tenían nombre. Llevaban tatuado en el hombro derecho un número el cual los distinguía de los demás. A consecuencia de que ellos no hablaban ni cuando se les hacía una pregunta, no sabían quién se había quejado.

Ballabh cubrió su boca con el pañuelo de la abuela para que sus sollozos no se escucharan.

Entretanto, Aatish sacó los pies de debajo de la carpa. El exponerlos al intenso frío era preferible a cambio de que la gruesa tela rozara sus laceradas plantas.

La Niña y el Papa

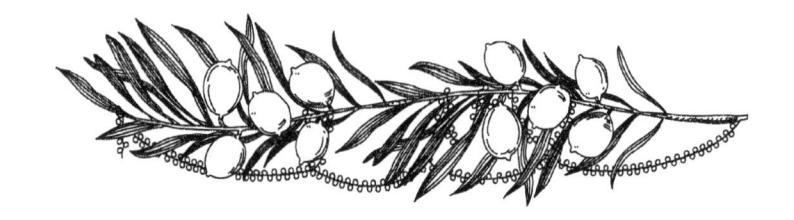

*V*iviana y su familia estaban por probar la deliciosa cena antes del comienzo de la Asamblea. Ella apenas podía darle crédito a sus ojos. Constantemente se retiraba las gafas para limpiarlas, tocaba su collar de perlas, deslizaba los dedos por su cabello para asegurarse que ni una hebra de pelo estuviera fuera de órden, y a cada instante revisaba las cinco hojas de su discurso. Después de escribirlo y borrarlo cientos de veces, finalmente lo había impreso en la impresora de su papá antes de ir al aeropuerto. De haber contado todas las hojas de papel tirado, seguro que habría ganado el récord de más papel perdido.

Mientras sus nervios la consumían, era fácil descifrar el lenguaje corporal de confianza de los demás participantes pues todos se reían, hablaban ruidosamente, y brindaban.

Por supuesto, pensaba ella, *todos han tenido mucha experiencia hablando en público.*

Son además muy preparados, inteligentes, y elocuentes. Ella conocía por lo menos a una docena de los participantes, como su actor favorito, Leonardo DiCaprio quien estaba sentado a tres mesas diagonal a ella y de momento proponía un brindis. Akie Abe, la primera Dama del Japón, Ahmad Adhkar, el fundador del Premio Hult, la más grande competencia estudiantil promotora del bien social, la famosa empresaria Kavita Gupta, y otras destacadas figuras.

Viviana cuchareaba su crema de espárragos, más no tenía apetito. No quiso tocar el plato de cordero asado con aderezo de menta y decorado con un picadillo de vegetales.

Tan pronto le sirvieron el postre de pudín de chocolate, Turner fue el primero en atacarlo y terminó metiendo la boca dentro del plato. Sus labios y mentón se untaron de pudín. El Papa quien estaba sentado en la mesa al lado de ellos, soltó a reirse, Turner le mandó un beso, y Francisco abrió la mano, la empuñó, y la llevó a su pecho.

Todos se percataron de la hazaña de Turner y soltaban risotadas. Viviana también se rió y olvidó su miedo por unos instantes. Los meseros retiraron los platos y las copas de las mesas, y una elegante señora pasó al comedor y anunció, —Damas y caballeros, la Asamblea está por comenzar. Por favor síganme a la sala de conferencias.—.

—Este es tu gran momento, princesa,—, lamentablemente dijo Eric pues le recordó todo el tiempo que le había dedicado a la preparación de su discurso el cual no estaría a la altura de los demás.

La Niña y el Papa

Si fuera ella un poco mayor y académicamente preparada, y tuviera la soltura al hablar de los demás participantes, no le temblarían las piernas y sus manos no estuvieran sudando tanto. Cabizbaja se puso de pie. Sentía una ráfaga de aire gélido en la nuca. Eso a consecuencia del tonto corte de pelo que le hicieran para el evento más importante de su vida donde debía lucir mejor que nunca pero a cambio, lucía peor que antes. Turner se posicionó al lado y sus padres les siguieron.

Viviana sostenía la personificación del terror entre sus dedos. Eran esas cinco páginas del discurso. *Lo haré terriblemente mal,* pensaba, *todos se burlarán de mí. Oh, por favor, para de pensar, Viviana. A cambio, ocupa tu mente en otra cosa.* Empezó a contar sus pasos... —Uno, dos, tres, cuatro...—.

—¿Por qué estás contando?—, susurró Turner.

—¿Mis pensamientos son tan obvios?—, preguntó ella consternada.

—Tú estás contando,—, aseguró él. Tenía un poco de pudín encima del labio superior. Ella lo limpió con el dedo índice y sin pensar, corrió su dedo en la primera página del discurso.

—Oh no, ¿qué he hecho?—, dijo en voz alta.

—Tranquilízate, hijita,—, aconsejó Alexandra y le levantó el mentón. —Lo vas a hacer bien. No te preocupes.—.

Viviana quiso decirle, *Si yo fuera tú, no tendría nada qué temer.* Deslizó de nuevo los dedos por su pelo y lo haló. Si mágicamente se le alargara unas cinco pulgadas, podría ocultar su rostro y sentirse más segura.

Entraron a una sala de conferencias. Tenía el particular aroma a salón del primer día de clases; una combinación de recinto encerrado por varias semanas y el rescoldo de lápices dentro de un sacapuntas eléctrico. Las largas y circulares mesas le recordaron a la leyenda del Rey Arturo de La Mesa Redonda. Algunos participantes comentaban de la silimitud que tenía la sala con la de Las Naciones Unidas. Su barriga se apretó en un nudo.

La señora quien les dirigió al salón, hizo otro anuncio: —Quienes van a participar, por favor encuentren las etiquetas con sus nombres sobre la mesa. —.

Ay, espero que ¡se hallan olvidado hacer una con mi nombre! Dios por favor, hasla desaparecer si por error han hecho una para mí. Pensó Viviana alzando la mirada al cieloraso. No obstante, Turner con una rápida ojeada a la mesa, vio la etiqueta de su hermana y orgullosamente dijo, —Encontré el rótulo con tu nombre, Vivi,—, y lo señaló. Su estómago se hizo nudos mientras seguía a Turner a dirección de un diminuto papel con su nombre escrito.

Aparentemente una vez toda persona tomó asiento al frente de sus etiquetas, la anunciadora habló otra vez, —Ahora, los familiares sírvanse encontrar asientos. Debe haber suficientes para acomodarlos a todos.—.

La Niña y el Papa

Eric y Alexandra encontraron dos sillas al lado de la de Turner quien prácticamente se desplomó al lado del puesto de Viviana. Cada uno de los presentes cotorreaba a todo pulmón. La señora sentada al lado de Viviana en este momento le daba la espalda y sostenía una animada conversación con el señor del lado. El Papa se sentó frente a la mesa de Viviana. Le guiñó el ojo e inclinó la cabeza.

Estoy por desilusionarte, por favor perdóname, pensó ella y sintió ardor en sus ojos. Antes de que brotaran las lágrimas, tomó la servilleta de debajo de una copa de agua frente a ella, e introdujo una punta de papel dentro de los ojos. El borde de la servilleta quedó empapado. Levantó la copa y tomó un sorbo de agua. Le costó tragarlo. El líquido se sintió como una sustancia gruesa y amarga.

Santo Dios, quítame estos nervios, pensó ella.

Los ojos de Turner le dieron la vuelta a la sala.
—¡Somos los únicos niños aquí!—, comentó.

—¿Apenas te das cuenta de ello?—, ella respondió disgustada.

Sus padres le hablaban. Sabía que eran palabras de aliento, más el ruido y el fuerte palpitar de su corazón apagaban sus voces. En cambio, una voz interna, se imponía diciendo, *¿Por qué no se abre la tierra y me traga?*

—Ya vamos a iniciar esta Asamblea de Paz. Empezaremos con la Primera Dama del Japón, Akie Abe,—, dijo la presentadora.

Viviana hubiera preferido ser sorda. Mientras escuchaba el discurso de la Primera Dama, se le había acentuado más la inseguridad. Se sentía tan pequeña. Otros fabulosos discursos le sucedieron seguidos por fervientes aplausos. Durante la cuarta disertación, fijó los ojos en su mensaje impreso. Era tan sencillo. Les clavó la mirada a sus padres y esperó a que el público aplaudiera a otro brillante discurso.

—¡Ustedes no me ayudaron a escribirlo!—, soltó esta protesta que por tanto tiempo había mantenido aprisionada entre la garganta y el pecho. Una oleada de sangre caliente subió al rostro. La mesa empezó a girar. Cerró los ojos.

Escuchaba a Eric susurrando, —Dulzura, el mensaje tenía que salir de tu corazón, no de nuestras cabezas.—.

En la parte posterior de la primera página estaba la foto de los dos niños quienes le habían enseñado de la esclavitud de menores. *Transmítanme la fuerza de ustedes. Son tan valientes.*

La Niña y el Papa

*E*l cansancio le había ganado al deseo de Ballabh de mantenerse despierto para idear maneras de agradar a su amo. Lo venció un sueño tan profundo que se había dado vuelta y quedado boca arriba. El quemante ardor en los hombros y espalda lo despertó con un estrujón.

La luz lunar, junto con el intenso frío, entraban por la ventana sin vidrio y bañaba la carpa y el cabello negro de su hermano. Él metió sus pies helados debajo de la carpa y apenas rozó las plantas de sus pies con la gruesa tela, gimió sintiendo el abrazador ardor en ellos.

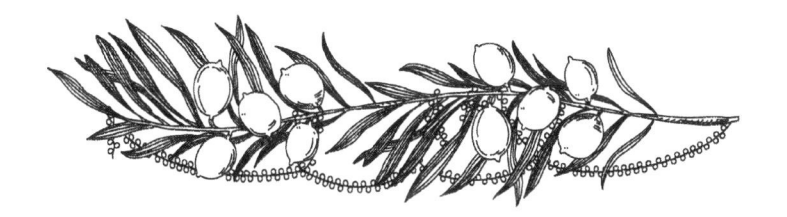

*V*iviana sintió una llamarada sobre sus hombros. Se estremeció.

—Ahora escucharemos a la niña Viviana Harr, de doce años de edad,—, anunció la señora quien les había conducido al salón.

La Niña y el Papa

Llegó mi turno. Dios mío y niños, denme fuerzas, pensó mirando la foto de los esclavos, sintiendo la ráfaga de aire helado en la nuca, y percibiendo la dulce mirada del Papa en ella.

Se acomodó las gafas. El escrito se veía borroso. Puso el índice en el primer renglón deseosa de aplanar las letras ya que estaban saltando. El punto negro del pudín que limpiara del labio de Turner cubrió las primeras palabras. Turner quien estaba sentado a su lado, soltó una carcajada.

Ella respiró profundo y empezó a leer:

—Su Santidad Papa Francisco, Cardenal Turkson, Sr. Van Dongen, distinguidos invitados, y mi familia:

Me siento honrada de estar aquí con ustedes hoy. Gracias por tenerme.

Se le formó un nudo en la garganta. Necesitaba desatorarlo, más temía tragar saliva por temor a atorarse peor.

Mi nombre es Viviana. Tengo 12 años de edad. Su Santidad, nos ha pedido que tomemos medidas para ayudar a las personas más pobres del mundo. Su Santidad, tú y yo compartimos una visión común para la humanidad, y haré lo que has pedido.

Estoy aquí como una voz para los 1.9 billones de niños más desventurados del mundo. Les invito a que se unan a mí para tomar medidas que favorezcan a los más pobres del planeta.

Su Santidad, estoy leyendo tu libro "El Nombre de Dios es Misericordia". Hablas tan bellamente acerca de la misericordia, la inclusión y la acción, de manera que yo pudiera entenderlo y lo pudiera aplicar a mi vida. Me he convertido en una de tus mayores fans. ¡Incluso te sigo en Twitter ahora!

Me encanta tu canción "Así que todos podemos ser uno". En ella tú escribes: "Para que todos puedan ser uno, se han derrumbado las paredes, sólo queda el valor del encuentro. Ese es el puente hacia la paz." Quiero agradecerte, desde lo más profundo de mi corazón, por ayudar a tanta gente.

Su Santidad, tú has dicho: "Un poco de misericordia hace que el mundo sea menos frío y más justo".

La Niña y el Papa

Mi historia trata de hacer el mundo menos frío y más justo. Se trata del poder de la compasión a través de la acción. —.

Turner seguía con sus risillas nerviosas. Viviana ya no las escuchaba porque el dolor en el cuerpo era mayor. Sentía los hombros lacerados. El dolor bajó a las extremidades. No sabía si era a consecuencia de su estado de pánico el motivo por el cual las plantas de sus pies le ardían como si estuvieran pisando carbones encendidos.

Cesó de leer. Liberó el mensaje anclado en su pecho, centró su mirada directamente en el Papa, y visualizó a los dos niños de la foto. *No es suficiente tenerlos enfrente,* pensó. Cambió la imagen mental y se colocó ella misma con Turner allí contemplando el abismo y cargando esos enormes bloques de piedra.

—Cuando tenía 8 años, vi una foto de dos hermanos en Nepal, cargando unos pesados eslabones de piedra en sus espaldas. Pensé que la esclavitud había terminado hacía mucho tiempo. Pero, no fue así. Aprendí que hay 18 millones de niños en la esclavitud. Eso es demasiado. Cuando miré la foto, le dije a mis padres: "No hay compasión sin acción. Debemos hacer algo." No pensé en todas las razones por las que no podía hacerlo (muy chica, demasiado pobre).

Pensé en todas las razones por las que sí debía hacerlo (ayudar a otros ... ¡salvar el mundo!).

Estuve ante mi puesto de limonada todos los días, lloviera o brillara el sol. Después de 173 días seguidos, recaudé $101,320 para erradicar la esclavitud infantil, y comencé un negocio para beneficio llamado "Haga un Cambio", con beneficios que van a un propósito: luchar contra la esclavitud infantil. Ustedes se preguntarán, ¿de dónde viene mi sentido de justicia social? Como todas las cosas buenas, comienza con mi familia.

Estoy orgullosa de ser de una familia de inmigrantes. (De hecho, mi familia está aquí hoy.) Mis abuelos hicieron grandes sacrificios por mis padres, quienes a su vez, hicieron grandes sacrificios por mí. Si no lo hubieran hecho, podría haber tenido que vender limones para ayudar a nuestra familia. En cambio, pude vender limonada para ayudar a nuestro mundo.

Pero no estoy aquí para contar mi historia. Estoy presente para ayudar a escribir las historias de las muchas personas que quieren cambiar el mundo. Se trata de capacitarlos para que traigan su valor, compasión y compromiso para servir a los pobres,

La Niña y el Papa

combatir la pobreza juvenil y luchar contra las consecuencias del cambio climático.

Somos los millones de jóvenes que quieren ayudar a los mil millones más desventurados. Mis padres creyeron en mí, y mira lo que pasó. Imagínense los futuros cambiadores del planeta. Están ahí afuera, ahora mismo. Imagínense si creyéramos en ellos lo suficiente y los apoyáramos lo suficiente -y los amáramos, lo suficiente- hasta que creyeran en sí mismos lo suficiente como para iniciar sus propios negocios que lleven a servir a la gente más pobre del mundo. Imagínense el impacto en la humanidad ahora ... y para siempre.

Estoy agradecida de estar viva en un momento en la historia, cuando cualquier persona en cualquier parte puede servir a la gente más pobre del mundo de una manera grande y hermosa.

Estoy agradecida de estar viva en un momento de la historia en que tenemos un Papa como Su Santidad el Papa Francisco, que está cambiando el mundo a través de la misericordia, de la inclusión y la acción.

Quisiera terminar con una cita de San Ignacio de Loyola, quien dijo: "Sea generoso con los necesitados. El hombre a quien nuestro Señor ha liberado no debe ser mezquino. Un día encontraremos en el cielo tanto descanso y gozo como nosotros mismos hemos ofrecido en esta vida.

Gracias. —.

Llegó al final de su discurso. Todos los asistentes, incluyendo Papa Francisco, se pusieron de pie para aplaudirla. Lo hicieron por minuto y medio. Fue la más aplaudida de la conferencia. Ella inclinó la cabeza. Esta vez lo hizo en son de venia. Esta experiencia le dio la bendición y la seguridad necesaria y de ahora en adelante, daría la cara para su causa.

Al final de la conferencia, el Papa se sentó con la familia Harr para conversar.

—Me has conmovido, pequeña. El dolor del ser humano me aflige mucho y aún más la de los seres menos favorecidos, y de todos, los niños esclavos podrían ser los más vulnerables y olvidados. Gracias por darles voz. —.

Ella le mostró la foto. Él acordó sacar una suma del Fondo del Vaticano para rescatar a una gran cantidad de niños esclavos. Sería una cuantiosa suma de dinero.

La Niña y el Papa

Todos los invitados se congregaron alrededor de Viviana. Ella les había tocado los corazones. La primera Dama del Japón la invitó a dar una conferencia en la Casa Presidencial de su país. Su discurso sería sobre la esclavitud infantil.

Viviana por tres años había sido noctámbula a sazón de preferir ver documentales acerca de las personas más desfavorecidas del mundo, a cambio de dormir. Hoy al concluír la Conferencia de Paz, sintió alivio de retirarse a su habitación para descansar. Debía reponerse.

El ardor en los hombros y en las plantas de los pies, persistía. A las 7:00 P.M. se despidió de todos y escoltada por su familia, llegó a su habitación. En una hora el Papa daría un sermón en la Iglesia de Jubileo, y sus padres querían ir. El Papa también era escoltado a su recinto el cual estaba al frente de la de ella.

Él sonriente, se despidió con la mano.

Una vez adentro y recostándose contra la puerta, ella pensó, *Lo logré. Chicos, lo logramos,* y mirando la foto, le deseó a los niños esclavos, buenas noches.

Claudia Carbonell

𝒦arishma, la madre de Aatish y Ballabh, empuñaba piedras en cada mano y con todas sus fuerzas deseaba erguir su casa de nuevo. Había pasado 1,460 días en el infierno sin sus hijos. Iniciaba otro año sin ellos; el cuarto. Era el 1ro de Enero del 2017. Nada podía ser más devastador.

—Ay mami,—, ella sollozaba, —le doy gracias a Dios que no viviste estas dos grandes desgracias: el terremoto y la pérdida de nuestros hijitos.—. Se puso de pie y pasando por docenas de carpas las cuales le recordaron de su vida de nómada, arrastró los pies a la orilla del precipicio. Las cascadas de agua estrellaban contra cuatro peñascos debajo del nivel donde yacían restos de su casa. Ahora esos despojos podrían terminar en cualquier momento en una quebrada la cual se apresuraba a mezclarse con el río Indrawati. Asimismo la sangre de su esposo había terminado entre aquella corriente.

Pequeños, he pasado cuatro años sufriendo la ausencia de ustedes. Recordó el puente movedizo del Indrawati. Sus niños lo habían cruzado tantas veces.

La Niña y el Papa

Los dejé ir porque quería un futuro mejor para ustedes. Además el hombre de Dios prometió que les daría una buena educación, y también porque yo no quería que se enteraran de la muerte de la abuela que ocurrió esa misma mañana cuando partieron. ¿Por qué se olvidaron de mí? ¿Acaso no saben que son mi vida? Sin ustedes mi existencia no tiene propósito. ¿Dónde están hijitos? ¿Dónde están?

Claudia Carbonell

*B*allabh estaba levantando la quinta losa del día. Pesaba tanto como su pena. Envidiaba con locura a los esclavos nuevos. Ellos eran insensibles al cansancio, al peso sobre los hombros, al trabajo, a los cambios de clima, y eran los únicos que no eran castigados por el amo. Procuraba aligerar el paso, pero sus hombros estaban muy heridos. La sangre estaba pegada a la camisa del abuelo. La banda sobre su cabeza le había formado una zanja en el cráneo, y dolía, ¡ay! dolía tanto como sus pies. Los callos estaban partidos en los dedos gordos, el medial, y en los talones. Los de su hermano lucían peores.

Estaban descalzos. Las sandalias hacía tiempo se habían despedazado.

Se desplomó sobre la tierra y retiró la mochila de su espalda. Descansó la frente sobre las rodillas. Se sentía derrotado. No podía nunca ser como los esclavos recién llegados.

Soy un niño, pensaba.

La Niña y el Papa

Aatish ya estaba pisando la cumbre de la montaña cuando lo vió. —¿Te has vuelto loco?—, le gritó, —si te ve el amo, ¡te mata! —

—Aatish, no puedo más. Mis hombros. ¡Ay mis pies!—, no tenía fuerzas para seguir hablando. Se puso en posición fetal y cerró los ojos.

—No comiste hoy y anoche apenas probaste la cena. Es por eso que no tienes fuerzas. Observa a los esclavos nuevos, ellos comen mucho. Debes imitarlos. Debemos... Ballabh, Ballabh, ¿Me escuchas?—.

Dormía. Lucía tan pacífico. Aatish retiró su talega, la puso sobre la de su hermano, y lo alzó. Los nuevos esclavos los observaban aterrorizados. Llegó al lado de un eucalipto y recostado al tronco, se dejó caer sobre la grama. Acomodó la cabeza de Ballabh sobre sus muslos. Notó la tela sobre los hombros de la camisa azul del abuelo empapada de sangre y pegada a la piel. No quiso despegarla por temor a lastimarle peor.

—Duerme,—, le sugirió, —yo me quedaré contigo.—. Estaba preparado a recibir castigo doble. Pero antes, se pondría de rodillas ante el amo y le suplicaría que lo terminara a golpes pero que no tocara a su hermano. Estaba muy mal trecho y debía recuperarse. Lo haría. Era fuerte; más que él. Ellos pronto rendirían tanto como los nuevos esclavos. Era solo cuestión de tiempo.

—Aatish, sigue trabajando,—, le rogó Ballabh, entreabriendo los ojos, —o el amo a ti también te matará. —.

—Entonces, moriremos juntos. Nos reuniremos con papá y el abuelo.—.

—Tú no. Tienes que regresar a la aldea y reunirte con las mamis,—, suplicó Ballabh.

—No seas tonto, sin tí no iré a ningún lado. Ahora, cállate y duerme.—. Ballabh debía dormir profúndamente para no escuchar los garrotazos o los balazos. Ojalá el amo lo hiciera pronto para que su hermano no lo presenciara. Estiró el cuello para mirar montaña abajo. Hacía mucho no estiraba el cuello. Las vértebras le sonaron como si se hubieran partido y le siguió un dolor espasmal.

Vio a una señora hablando con el amo. Una camioneta estaba estacionada al lado de la suya. Entraron al antiguo establo. Ahora albergaba a los esclavos. Minutos después salieron. La señora anotaba algo en un pedazo de papel. Los niños no se imaginaron que estaba escribiendo un cheque.

Ahora Devang hacía sonar su pito. Lo hacía cada vez que quería hablarles. Los esclavos que estaban arriba en la montaña, empezaron su descenso. Los que estaban abajo, se pusieron en fila contra el paredón del reclutamiento.

—¡Oh no! Ballabh, despierta, despierta, bajemos la montaña.

Hazte fuerte porque una compradora de esclavos está abajo y no quiero que nos separen.—. Ballabh entreabrió los ojos y los volvió a cerrar.

La Niña y el Papa

Aatish comprendió que no podía forzarlo a hacer nada. Lo alzó y empezó marcha abajo.

Volteó a mirar las bolsas. Habían quedado en el suelo. Bajó sin prisa mirando cada peldaño. Había memorizado cada hendidura y raya de aquellos escalones de piedra. Parecía que los habían pisado por toda la vida. Un monal colirrojo se precipitó escalones abajo y rozó sus pies con las alas.

Su hermano pesaba menos que la mitad de una loza, más era diferente cargar el peso sobre la espalda que de frente. Sentía que en cualquier momento rodarían de cara por la montaña.

—Lo juro Ballabh, si la compradora decide tomar a uno de nosotros a cambio de escogernos a los dos, prefiero morirme.—. Por lo visto, había susurrado este grito. Ahora más que nunca, quería llorar, pero ya sus ojos estaban tan secos como su fe.

El monal se situó sobre el primer escalón a los pies de la montaña. Una vez Aatish estaba por sentar pie en este último peldaño, el ave emprendió vuelo y se posó sobre el vehículo. La alada criatura brillaba. Su cresta se agitaba de lado a lado con la brisa y el aleteo de sus alas parecían esparciendo luz. La señora empezó a hablar y un señor que salía de su camioneta, tradujo sus palabras celestiales:

—Niños, ustedes ahora son libres.—.

Claudia Carbonell

ℒa celebración del nuevo año había agotado a la familia Harr. Hoy, Viviana, Turner, Zenobia, Eva, Savanah, Franco, y Rebeca, jugaban en la casa de árbol. Estaba tan llena que Buddy no cupo. Desde abajo les ladraba rogando que lo subieran. Viviana narraba el viaje al Vaticano, la conferencia, y lo recaudado: diez billones de dólares. El Papa había aprobado esa cantidad para liberar a millones de niños esclavos.

—¡Eso es muchisísimo dinero! —, aseguró Franco mientras tomaba otra manzana del árbol.

—Viviana, ¿supiste qué pasó con los niños de la foto? —, preguntó Eva.

—A sí, ellos tuvieron un final feliz, —, respondió Viviana. —Esos niños resultaron ser hermanos llamados Aatish y Ballabh Singh. Ellos regresaron a su aldea y se reunieron con su mamá. La aldea tiene un nombre raro que ahora no recuerdo…—.

La Niña y el Papa

—La aldea fue destruída por un terremoto, ¿recuerdas?—, Turner intervino.

—Sí, pero fue reconstruída con el dinero recaudado,—, aseguró Viviana.

—Y ahora una escritora llamó a papá y dijo que va a escribir un libro sobre Viviana, ji, ji, ji, ji, —, dijo Turner soltando una nerviosa carcajada.

—¡Oh wow! ¿Se va a escribir un libro de tu vida, Viviana? Inquirió Zenobia mientras la mandíbula cedía ante el desmedido asombro. —Por Dios, —¿y sabes cómo se va a llamar?—.

—La escritora dijo que se llamaría, *La Niña y el Papa,*—, respondió Viviana mientras respiraba profúndamente. Sus hombros se sentían livianos. Los pies estaban descansados. Su pecho se sentía pleno. Respiraba con facilidad y la brisa que sentía en la nuca tenía la tibieza del aliento de todos los niños rescatados.

Acerca de la Autora

Claudia Carbonell nació en Cali, Colombia. Empezó a escribir cuentos cortos a los diecisiete años. A los diecinueve su carrera como escritora oficialmente empezó cuando el popular periódico El Meridiano del Ecuador, aceptó a Claudia como columnista y directora de una revista infantil. Continuó escribiendo y estudiando y posteriormente vino a los Estados Unidos donde recibiera varios grados y reconocimientos.

La Niña y el Papa

Nunca dejó de escribir y su obra principal la cual ha tomado 20 años en completarse, se encuentra en una increíble serie de nueve libros de fantasía, apropiadamente titulada *La Serie Mágica,* dedicada a niños y adolescentes. La serie contiene ocho libros y uno suplementario de cuentos cortos. La obra abunda en los temas que la apasionan tales como el impacto del ser humano a la ecología, especialmente el daño a su amado bosque y la crueldad a los animales. Asimismo le encanta describir la riqueza de la fauna y la flora, entre ellas un sinnúmero de plantas medicinales y en peligro tanto como la ecología del bosque.

En sus historias, ella desarrolla y expande estos temas y los peligros al planeta a través del bello filtro de la fantasía, desde el simpático punto de vista de los animales mientras procuran sobrevivir los abusos de los seres humanos. De igual impacto es el deterioro ambiental y la ambición del Hombre quien destruye los bosques, las selvas y contamina las aguas. Figuras de la mitología y otras creadas por la autora, hacen su debut a través de los múltiples mundos que exalta la serie. El sentido del humor de la autora y su original voz están presentes en cada página de sus libros. Sin dudas, esta obra no es sólo de entretenimiento para chicos y adultos, también educa al lector e igualmente le toca su conciencia.

Claudia asimismo se ha dado a la tarea de escribir otra serie de libros titulada, *Los Héroes Mágicos,* la cual es basada en hechos reales sobre niños quienes están cambiando el mundo.

Claudia Carbonell

Su meta con ambas series es fomentar amor a sus lectores por el planeta y encauzarlos a que también formen parte de este movimiento de mejorar la sociedad donde vivimos.

Otra pasión de Claudia es ayudar a las personas a realizar sus metas. Ella es asesora de vida e hipnoterapista clínica. Reside en el Sur de California, Estados Unidos, con su esposo, Aaron y su mamá, Lola. Sus dos hijos: Brigitte Chantal y Andrew Phillip viven lo suficientemente cerca de ella para permitirle de vez en cuando compartir con ella su adorable Chihuahua, Zoe.

Otros Libros de la Autora

El Árbol de la Vida
Estado de Luz

La Serie Mágica:

La Casa Mágica
El Bosque Mágico

Próximamente de La Serie Mágica:

La Finca Mágica
La Selva Mágica
El Océano Mágico
Los Glaciares Mágicos
Introducción al Reino Mágico
El Reino Mágico
El Imperio Tecnológico

Muy pronto de Los Héroes Mágicos:

Zenobia y sus Muñecas
La Vida Sobre la Nota de una Bella Melodía
Una Carta a Dios

Claudia Carbonell

Comentarios de la Serie Mágica

Deliciosa combinación de fantasía y amor a la Naturaleza: embriagado por las imágenes y los personajes, el lector se va adentrando en una trama llena de guiños y alusiones que tocan a la puerta de su conciencia y lo obligan a cuestionarse acerca de los atentados de la humanidad contra el mundo natural —los animales, las selvas, el agua...—. Esta obra, en la que las dotes narrativas y pedagógicas de la autora se entrelazan admirablemente, es una extensa y amorosa fábula, muy pertinente en estos apocalípticos albores del siglo XXI y cuya moraleja, sobre todo si son niños quienes la descifran, incidirá, sin duda alguna, en el viraje que obligatoriamente hemos de dar si queremos librarnos de nuestro inminente naufragio como especie.

La incuestionable pericia narrativa y la habilidad para modelar personajes de Claudia Carbonell hacen desfilar por la memoria del asombrado lector a algunos de los más grandes creadores para niños: Lewis Carroll, Hans Christian Andersen, Michael Ende, Walt Disney...

Esperamos "vorazmente" la continuación de esta maravillosa Serie Mágica.

La Niña y el Papa

—Roberto Pinzón-Galindo Editor Asociado Instituto Caro y Cuervo, Bogotá Colombia

La casa mágica, de Claudia Carbonell, combina la poesía del lenguaje con la frescura de su prosa. En esta deliciosa obra aparecen retratados caracteres creíbles y muy humanos... aunque anden por el mundo a cuatro patas. La trama nos atrapa desde el primer momento. Las aventuras de Nena la osa, y de los ositos Osado y Rosado, no dan tiempo para dejar el libro a un lado. Por otro lado, el aristocrático conejo (Conde Mateo Trottingham III), por más señas vegetariano, se une a la improvisada familia ursina. Y hay una perrita llamada Loretta con una triste historia de fidelidad mal pagada...

Ésta es una fábula de amor a la libertad, a la independencia, a la amistad y a la familia. Los ositos, su madre adoptiva y el resto de los bien trazados personajes, nos transmiten conflictos con los que todos (niños, jóvenes y ya no tan jóvenes) nos podemos identificar fácilmente. ¡Ahora esperamos por la continuación!

Teresa Doval, autora: A Girl like Che Guevara (Soho Press, 2004), Posesas de La Habana (PurePlay Press, 2004) y Muerte de un murciano (Anagrama, 2006) que fue finalista del premio Herrralde en España en noviembre del 2006.

Como lectora de LA CASA MÁGICA de Claudia Carbonell, no salgo de mi admiración como la autora ha combinado el amor a los animales, la protección de nuestro mundo, la inclemencia de los adultos en no conservar ambos, animales y mundo, con la protección nuestra que tanto se merecen.

Además de esto, hay narraciones en el cuento que tienen una prosa poética que va a encantar a lectores infantiles y adultos. La charla entre los animales es simplemente deliciosa.

Margarita Noguera, editora y autora de Entre Arcoiris y Nubarrones.

En *La Casa Mágica, El Bosque Mágico* y *La Finca Mágica,* Claudia Carbonell ha creado mundos encantadores, fascinantes, y esa cosa tan rara en la fantasía— ¡completamente convincentes! Como profesor, admiro su habilidad de hacer que todo parezca tan natural; como escritor, me siento un poco más que celoso.

--Kevin Jones, D.A. (Doctor en Artes) Profesor/Consejero del Union Institute & University Obras: *Bikeu* (poems), Shoestring Press, 2003; *William Wantling: A Commemoration* (Ed.), Babbitt's Books, 1994.

Claudia Carbonell revela con su prodigiosa imaginación cómo es la vida de los animales en su segundo libro: El *Bosque Mágico.* La exquisita sensibilidad de la autora florece en los ejemplos que da, sugiriendo a sus lectorcitos a distinguir entre el bien y el mal. Por sí solo o como parte de la *Serie Mágica,* es una fuente de sabiduría y placer para los niños por ser niños y para los adultos también.

Graciela Lecube-Chavez Actriz, escritora, editora, traductora y directora de comerciales. Mejor actriz de reparto, 2006. Life Achievement Award de H.O.L.A. (Hispanic Association of Latin Actors)

Alegóricas fantasías envueltas en la serie mágica llenas de libertad y amor, te llevan a distintos horizontes de sueños donde la ilusión vuela cual águila en pleno cielo, tomados de la mano la autora te transporta a un mundo mágico.

Maricela R. Loaeza autora de Poemas por Amor, Busqueda de Amor y Sembrando Ilusiones.

Claudia Carbonell

Made in the USA
Columbia, SC
27 July 2024